本书受江西农业大学南昌商学院出版资助

SHOURU FENPEI GONGPING
YU SHUIZHI JIEGOU YOUHUA

收入分配公平
与税制结构优化

谭 飞◎著

中国财经出版传媒集团
经济科学出版社
Economic Science Press

图书在版编目（CIP）数据

收入分配公平与税制结构优化/谭飞著 . --北京：
经济科学出版社，2021.8
ISBN 978 - 7 - 5218 - 2804 - 7

Ⅰ.①收… Ⅱ.①谭… Ⅲ.①收入分配 - 研究 - 中国
②税收改革 - 研究 - 中国 Ⅳ.①F124.7 ②F812.422

中国版本图书馆 CIP 数据核字（2021）第 169333 号

责任编辑：顾瑞兰
责任校对：靳玉环
责任印制：邱 天

收入分配公平与税制结构优化
谭 飞 著

经济科学出版社出版、发行 新华书店经销
社址：北京市海淀区阜成路甲 28 号 邮编：100142
总编部电话：010 - 88191217 发行部电话：010 - 88191522
网址：www.esp.com.cn
电子邮箱：esp_bj@163.com
天猫网店：经济科学出版社旗舰店
网址：http://jjkxcbs.tmall.com
北京季蜂印刷有限公司印装
880 × 1230 32 开 7.125 印张 160 000 字
2021 年 8 月第 1 版 2021 年 8 月第 1 次印刷
ISBN 978 - 7 - 5218 - 2804 - 7 定价：45.00 元
（图书出现印装问题，本社负责调换。电话：010 - 88191502）
（版权所有 翻印必究 举报电话：010-88191586
电子邮箱：dbts@esp.com.cn）

前　言

收入分配问题不仅事关社会公平，更是社会经济发展和政治稳定的基石。自由市场并不必然带来公平的收入分配，即使是完善的市场机制，也可能会产生难以接受的巨大收入差距。改革开放40余年来，我国社会经济发展取得了巨大成就，国内生产总值从1978年的3645亿元提升至2020年的101.6万亿元，跃居世界第二，人均国内生产总值从1978年的385元提升至2020年的32189元。按照世界银行的标准，我国已经达到中高收入国家水平，创造了经济发展奇迹，取得了举世瞩目的成就。但我国在社会经济不断发展的同时，居民收入的差距也在不断扩大，成为社会可持续发展的严重隐患。国家统计局公布的数据显示，改革开放后，我国居民收入基尼系数一直呈上升趋势，在2008年甚至达到了创纪录的0.491。尽管近十年来，我国居民收入分配差距整体呈下降趋势，但基本维持在0.46以上的高警戒水平，居民收入差距持续分化引起政府和社会各界的广泛关注，成为当前公共政策领域研究的重点和难点。2020年10月，党的十九届五中全会审议通过了《中共中央关于制定国民经济和社会发展第十四个五年规划和二〇三五年远景目标的建议》，提出要显著扩大中等收入群体，显著缩小城乡区域发展差距和居民生活水平差距，明显改善分配结构等目标，对完善我国收入分配机制提出了新的要求。

要建立科学、合理、公平的收入分配机制，税收制度大有可为，而税制结构的完善又是重中之重。税制结构的优化有利于改善收入分配，有利于合理配置社会资源，还有利于减轻经济发展对环境带来的压力。然而，我国以货劳税为主体的税制结构调节收入分配的效果却不尽人意，原因在于间接税和直接税占我国税收的比例失调，具体表现为税种设置不合理、税系结构不合理、地方税体系建设不成型。进入新时代以来，共同富裕的理念不断强化，完善收入分配机制、缩小收入分配差距、促进社会更加和谐成为时代新的要求。从财税政策视角来看，政府必须想办法完善税制结构，建立合理的收入分配机制，进一步推动我国实现高质量可持续发展，这是摆在我们面前的一个亟须解决的重大实践课题，具有重要的时代意义。

本书从实现收入分配公平的视角出发，使用规范和实证相结合的分析方法，探讨了税制结构调节收入分配的作用机理，对比了发达国家和发展中国家的税制结构演变趋势并总结了经验教训，提出了推动我国现阶段税制结构优化和实现高质量发展的政策建议，希望能达到改善我国收入分配现状、促进社会经济和谐稳定发展的目标。为保证研究对象和数据的连续性，本书主要选取了2003～2017年税收统计数据，避免了2016年全面"营改增"后税种变化对研究结论的影响。为全面系统地研究如何构建有利于实现收入分配公平的税制结构，本书共分为八章，主要内容如下。

第1章，导论。主要阐述了本书的选题背景、研究的理论与实践意义、研究思路和研究方法，指出了本书的创新与不足之处，梳理了国内外的相关研究文献，并作简要评述。

第2章，收入分配与税制结构的理论基础。主要阐述了收入分配、税制结构及税制结构优化的基本理论，并分析了税制结构对居民收入分配和要素收入分配的影响，构建了本书研究的理论基础。

第3章，我国税制结构的演进与现状。详细介绍了我国自1994年分税制改革以来，尤其是2005年以来，我国税制结构的演进及规律，并从收入分配视角分析了我国税制结构的现状。

第4章，税制结构对要素收入分配的影响。主要运用多元回归模型实证分析了我国的所得税、财产税、货劳税对要素收入份额的影响，并分区域探讨要素收入分配的差异。

第5章，税制结构对居民收入分配的影响。实证分析了我国税制结构对居民收入分配的整体效应，同时运用非参数可加模型探讨了我国税制结构对不同区域居民收入分配影响的差异性，为税制结构的优化提供更为精准的实证支撑。

第6章，税制结构的国际比较与我国税制结构的问题。分析了发达国家和发展中国家税制结构的现状，总结了世界主要国家的税制结构演变的基本规律及收入分配效应。根据税制结构国际比较经验和税制结构对居民收入分配、要素收入分配的实证分析结果，分析了我国税制结构存在的问题，为下一步政策建议打下坚实基础。

第7章，促进收入分配公平的税制结构优化路径。根据理论和实证分析结果，提出了促进收入分配公平的税制结构优化的总体思路和改革建议。

第8章，结论与展望。对研究内容进行梳理和总结，并就未来的研究方向和税制结构的优化进行了展望。

通过对我国税制结构的实证和理论分析，发现各税类和税种在调节居民收入分配的效果上与理论预期存在较大的落差，主要结论如下：第一，货劳税内部不同税种的收入调节作用有正有负，但对收入格局的整体影响为负。其中，增值税对要素收入分配和居民收入分配均表现出明显的累退性，消费税在初次分配和再次分配中表现不一，但整体不利于收入分配的改善。第二，企业所得税不管是对居民收入分配还是对要素收入分配都表现出一定的累进性，即在初次分配和再分配环节影响积极，有利于改善收入分配；个人所得税则表现出一定的累退性，尽管在不同区域间存在差异性，但总体上不利于收入分配的改善。2019 年 1 月开始执行新修订的《个人所得税法》，增加了税前扣除项目，但其收入分配效果还有待观察。第三，财产税和其他类税尽管不同程度地表现出有利于收入分配差距缩小的调节效果，但受课税范围、规模所限，调节功能基本缺失。

基于以上三点主要结论，本书提出以下优化税制结构的主要对策。

第一，降低货劳税比重，构建与高质量发展相适应的货劳税体系。降低货劳税比重是当前实现减税降费、降低企业运行成本、激发企业创新活力的主要方向。要继续简并降低增值税税率，完善抵扣链条，避免重复征税影响减税降费的效果。要加大消费税改革，扩大消费税的征收范围，优化税率，适当提高奢侈品消费和资源耗费型消费行为的税率，加强对非生活必需品消费税的征管力度。

第二，逐步提升所得税比重，强化其收入分配功能。在个人所得税方面，应尽快完善分类与综合相结合的征收制度，加大对资本性收入的课税力度，适当降低劳动所得课税税率，减少税率等级，维持工资薪金课税的最高边际税率，逐步扩大专项支出抵扣范围和力度，加强个人所得税的收入分配调节功能。企业所得税方面，应主要着眼于扩大承担大量就业的中小企业的成本费用扣除项目、范围与比例，加大投资抵免的范围与力度，减轻企业的税收负担，激发企业创新创业活力。

第三，完善财产税，适时推出房地产税。要按照"立法先行、充分授权、逐步推进"的基本方略适时推出房地产税，同时探索如何加大对社会存量财富的征税力度，提高财产税在国家税收收入中的占比。

本书试图在国内外已有研究的基础上，对我国税制结构的收入分配效应进行理论和实证分析，其可能的创新点如下。

第一，本书同时探讨了税制结构对要素收入分配和居民收入分配的影响，并分析了税制结构对区域收入分配影响的异质性。本书利用2003～2017年国内30个省份的数据，研究了不同税种在不同地区对居民收入分配的影响，还尝试探讨了税制结构对要素收入分配的影响，进一步丰富了我国税制结构收入分配效应的研究成果。

第二，本书在运用多元线性回归模型的基础上，引入非参数可加模型创新性地开展了税制结构对我国收入分配效果非线性的实证分析，一改诸多学者使用线性模型分析收入分配过程中税制结构作用的做法，研究工具和方法具有一定的创新性。

由于收入分配问题的复杂性和收入数据的隐蔽性，官方公布的可查的统计数据十分有限，对税收政策的收入分配效果进行分析和评价不可避免会遇到各种困难，本书的研究存在以下不足。

第一，因缺少足够的微观收入数据和税收数据，书中实证分析没有直接落实到个人或家庭层面，最后的结论是建立在宏观数据基础之上，使得研究价值受到了一定的影响，离预定目标还有一定差距。

第二，本书的研究范围还需进一步拓展，使用的研究工具和方法还不够丰富、成熟。本书主要从税制结构对要素和居民整体收入分配的影响方面进行探讨，尽管也分区域进行了分析，但没有从城乡差距、行业差距等方面进行分析，研究范围不够全面。本书主要使用了非线性模型，但未能充分探讨该模型测算结果的可靠性，分析结果有待进一步验证，研究结论的可靠性和政策建议的可操作性还需要进一步加强。

第三，由于数据收集难度较大，本书对各税种的研究还不够细致、全面。本书主要分析了增值税、消费税、营业税、企业所得税、个人所得税五种主要税种对收入分配的影响，对其他税种较少涉及。另外，由于写作时限的原因，缺乏近年来"营改增"、个人所得税改革对收入分配效果的研究。这些问题有待在今后的研究中进一步深入和完善。

目　录

第1章 导 论

1.1 研究的背景与意义

1.1.1 研究的背景

收入分配问题是社会发展过程中老百姓关注的永恒主题，既是诸多社会问题产生的根源，也是民生之本、民生之源，历史上任何政府对一个国家的收入分配是否合理、公平都非常重视。诺贝尔经济学奖得主、著名经济学家刘易斯指出："收入分配的变化容易导致社会心理嫉妒和混乱动荡，是人类社会演化过程非常重要的内容，如果一个国家没有很好地理解这些是如何发生的以及发生什么变化，那么就很难制定出具有针对性的政策，很难治理收入分配问题。"① 西方著名经济学者萨缪尔森曾经指出，"关于收入分配的很多问题研究都很难达成一致，具有争议性"。② 西方著名的财政学家马斯格雷夫指出，要处理好收入分配并不容易，它比资源配置问题更复杂。"收入分配问题在做预算决策时非常头

---

① 刘易斯. 发展计划 ［M］. 北京：北京经济学院出版社，1998：78.
② 萨缪尔森. 经济学 ［M］. 北京：中国发展出版社，1993：931.

疼，决策者为此争论很久，任何时候都是焦点。在确定税收和转移支付的政策时，收入分配怎么考虑对决策的走向起到了至关重要的作用。"[①] 显然，收入分配问题曾经是、现在是而且未来还继续是政治家在决策中需要考虑的一个极其重要的问题。西方经济学从诞生、发展的 150 年间，收入分配问题的研究主要集中在各要素之间应该如何分配，即对土地、劳动、资本等要素应该如何配置以及如何进行合理的定价，从而形成了要素收入分配理论，该理论有效促进了社会资源配置，但较少关注社会收入分配是否体现了公平和正义。[②] 自 20 世纪 50 年代开始，收入分配的研究开始倾向于对个体收入不均的研究，先前主要集中在国民收入在工资利润间的分配，较少考虑个人收入分配理论，这是收入分配研究的重要变化。

改革开放 40 余年来，我国社会经济发展取得了巨大成就，国内生产总值从 1978 年的 3645 亿元提升至 2020 年的 101.6 万亿元，跃居世界第二，人均国内生产总值从 1978 年的 385 元提升至 2020 年的 32189 元。[③] 按照世界银行的标准，我国已经达到中高收入国家水平，创造了经济发展奇迹，取得了举世瞩目的成就。社会经济的发展是毋庸置疑的，但收入分配不公也不可否认，而且差距在不断扩大，严重影响国家的可持续高质量发展。国家统计局的相关资料显示，我国的基尼系数在 1978 年的时候仅为 0.317，此

---

① 马斯格雷夫．财政理论与实践［M］．北京：中国财政经济出版社，2003：9 - 79.

② 曹立瀛．西方财政理论与政策［M］．北京：中国财政经济出版社，1995：210 - 211.

③ 国家统计局网站，www.stats.gov.cn/tjsj/zxfb/202102/t20210227_1814154.html。

后一直呈上升趋势，2008 年达到创纪录的 0.491。2003～2017 年，我国居民收入分配差距整体呈下降趋势（如图 1-1 所示），但基本维持在 0.46 以上的高警戒水平，基尼系数的持续高企既是我国公共管理政策研究的重要领域，也是难以解决的重要问题。2011 年和 2012 年两会期间，新华网、人民网等联合调查显示，收入分配问题位于五大社会热点问题前三名。在 2018 年两会期间，新华网进行了社会热点问题调查，网络投票显示，收入分配问题在全部 25 个热点话题中以 8.6% 的关注度排名榜首。2020 年新冠肺炎疫情的暴发使行业的收入差距和稳定性成为人们热议的焦点。在过去的十年，全社会的收入分配问题，引起了社会空前的关注。同时，围绕收入分配这个宏大的命题，社会民众展开了激烈的讨论，有人甚至以此否定改革开放，以此质疑我国社会经济发展是否走向了正确的方向。关心国家前途和命运的人自然会想到中国是否会"拉美化"，掉入"中等收入陷阱"而不可自拔，因为收入分配领域出现的问题增加了社会矛盾，最终阻碍社会经济持续发展。解决收入分配问题已迫在眉睫，我们不仅要通过发展做大"蛋糕"，也要学习如何切"蛋糕"，通过合理分配"蛋糕"，让全体人民同步感受改革开放取得的成绩。

市场是有缺陷的，让其自由运行，收入差距会越来越大，市场很难自动解决其带来的收入差距扩大问题，需要政府的适当介入和市场主体的自愿配合。自愿配合程度与公众的个人意愿分不开，在当前我国社会思想水平下，其发挥的分配作用效果可以忽略，所以再分配还得以政府为主。党的十七大报告曾明确提出要推进我国收入分配问题的解决，不断增加居民收入，尤其是农村居民收入。党的十七大报告强调，不管是在初次分配环节还是在

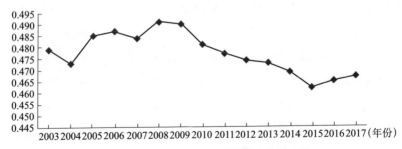

图 1 - 1　2003 ~ 2017 年我国居民基尼系数

再分配环节，都要妥善处理公平和效率的关系，首次明确初次分配也要注重公平，这对坚持和完善按劳分配为主体、多种分配方式并存的基本分配制度提出了新的要求，具有很强的现实针对性，对促进社会收入分配公平和构建社会主义和谐社会具有里程碑的意义。党的十八大报告再次明确"不管是初次分配还是再分配都要兼顾效率和公平，要注重再分配过程中公平的作用"，在完善社会主义基本经济制度和分配制度过程中，必须坚持走社会主义共同富裕的道路，要花大力气解决居民收入差距过大问题，让全体老百姓共享改革开放的成果，努力提升全体人民的生活水平。通过多年的酝酿，2013 年国务院下发的《关于深化收入分配制度改革的若干意见》（以下简称《意见》）指出："要不断强化税收调节能力，深入推进个人所得税改革，继续完善财产税，加大结构性减税力度，进一步降低小微企业和中低收入者税费负担，逐步建成更具公平、结构优化的税收制度。"《意见》同时提出："要逐渐提升直接税占税收总收入的比重，进一步优化和完善税制结构。"党的十八届三中全会通过的《中共中央关于全面深化改革若干重大问题的决定》（以下简称《决定》）再次明确提出："在构建科学合理的收入分配机制过程中，既要注意完善社会保障、转移支付等财政分配手段，也要重视税收在再分配过程中的调节作用，加大税收调节力度。"《决定》充分肯定了税收在收入分配调节过程中的重要作用，专门强调了要把税收作为再分配机制的重要手段，要加大税收调节力度。"就调节贫富差距的功能而论，在政府所能掌握的几乎所有的经济调节手段中，没有任何别的什么手段能够同税收相媲美。唯有税收，才是最得心应手、最行之有效，并且最适宜于市场经济环境的调节贫富差距的手段。"①

2014 年 6 月 30 日，《深化财税体制改革总体方案》在中共中央政治局审议通过，方案进一步指出："建立健全有利于实现社会公平、科学发展和市场统一的税收制度体系，必须要不断深化税收制度改革，完善税收功能、稳定宏观税负、优化税制结构、推进依法治税，充分发挥税收筹集财政收入、调节收入分配、促进结构优化的作用。"2014 年 10 月，党的十八届四中全会明确指出："要加快改善和保障民生，必须依法加强和规范就业、收入分配、公共服务等方面的法律法规。"党的十九大报告和 2018 年两会政府工作报告高度关注社会收入公平问题，指出我国社会主要矛盾已经发生了根本性的变化，我们在新时代建设中国特色社会主义，必须把握主要矛盾变化的国情，坚定"四个意识"，坚持"以人民为中心的发展思想"这个新时代收入分配改革的主基调，不断提高社会的生活水平，推动民生改善，完善基本公共服务及实现均等化，努力缩小收入差距，让全体老百姓共享改革开放发展成果，促进社会的公平正义，为新时代推进改革向纵深发展，提出了新目标，树立了新要求。"坚持按劳分配为主，不断完善按要素分配

---

① 高培勇. 打造调节贫富差距的税收体系［J］. 经济，2006（11）：34 – 38.

机制，促进收入分配更合理、更有序。积极鼓励勤劳守法致富，扩大中等收入群体，增加低收入者收入，调节过高收入，取缔非法收入。"① 其主旨要义就是要深入贯彻以人民为中心的发展思想，努力实现初次分配效率原则的公平性与再分配公平原则的效率性辩证统一，将效率原则和公平原则贯穿于初次分配和再分配各环节。2020 年 10 月，党的十九届五中全会审议通过了《中共中央关于制定国民经济和社会发展第十四个五年规划和二〇三五年远景目标的建议》，提出要显著扩大中等收入群体，显著缩小城乡区域发展差距和居民生活水平差距，明显改善分配结构等目标，对完善我国收入分配机制提出了新的更高的要求。

要建立科学、合理、公平的收入分配机制，税收制度大有可为，而税制结构的完善又是重中之重。在政治方面，实现社会的民主和法治是现代政治的最重要的目的。现代民主强调国民要广泛参与国家治理，法治则强调依法治国和法律至上。科学、公平的税收制度既可扩大国民的知情权、参与权和监督权等民主权利，而且也能促进国家宪政精神的形成。在经济方面，合理的税制结构不但能有效调节国民收入再分配，缩小国民间收入及贫富差距，也能促进社会资源优化配置，缓解经济发展给资源环境带来的压力。在社会方面，合理的税收制度则能培养国民的纳税人意识，有利于促进国民由安于现状、墨守成规、惧怕变革的保守价值观念，向积极的、进取的、向上的现代国民精神转变。②

---

① 决胜全面建成小康社会 夺取新时代中国特色社会主义伟大胜利——在中国共产党第十九次全国代表大会上的报告 [R]. 2017.
② 李曦. 中国现阶段税制结构合理性判别与优化研究 [D]. 杭州：浙江大学，2012.

然而，目前我国税制结构的调整没能跟上中国经济社会发展和转型的步伐，以货劳税为主体的税制结构在调节收入分配方面的效果不尽如人意，其主要原因之一便是间接税和直接税的比例结构严重失衡。具体表现在税种设置不合理、税系结构不合理、地方税体系不成型三个方面。进入新时代以来，共同富裕的理念不断强化，如何通过税制结构优化，改善收入分配现状，缩小居民之间的收入分配差距，促进社会收入分配公平，进一步推动我国社会经济实现高质量发展，就成了摆在我们面前的一个急需解决的重大实践课题，具有重要的时代意义。本书研究正是在这样的背景下进行的。

1.1.2 研究的意义

本书研究构建有利于促进收入分配公平的税制结构，对完善我国税收制度，提升国家治理能力和治理体系的现代化具有一定的理论意义和实际意义。

1.1.2.1 理论意义

对居民和要素收入分配影响的研究是本书探讨税制结构收入分配效应的重点，对该领域的研究有利于我国税制结构收入分配理论的完善。国内许多财政学者对税制结构展开了大量研究，其中对税制结构收入分配的研究大部分集中在不同税种的收入分配效应，较少从居民收入和要素收入分配两方面来探讨税制结构的收入分配效应。同时，通过分析税收政策在政府收入分配调控体系中的作用边界，有利于我们更好地认识税收调控收入分配的合理预期，有利于客观评估税收调控作用，较好地认识税收调控的优缺点，丰富我国的税收调控收入分配的理论基础。

本书从收入分配公平视角出发，丰富了税制结构的理论研究。在探讨不同税种对居民收入分配的影响和不同税类对居民收入分配影响的基础上，还尝试探讨了其影响的区域异质性，分析了我国税制结构调节收入分配不佳的深层次原因，并根据分析的结果提出了对策建议，从而有利于更好地认识税制结构调节收入分配的作用，对学界进一步开展税制结构收入分配效应研究做了较好的铺垫，具有一定的理论意义。

1.1.2.2 实践意义

第一，有利于推进我国税制改革，优化税制结构。党的十八大报告指出，要发挥税收在收入分配调节机制中的作用，首先要清楚意识到税收调节收入分配的重要性，同时加快税制改革，优化税制结构。党的十九大报告提出，"完善以税收、社会保障、转移支付为主的收入再分配调节机制，逐步提高直接税占比，努力做到合法收入得到有力保护、过高收入得到合理调节、隐性收入得到有效规范、非法收入予以坚决取缔"。然而，当前我国的货劳税占据了税收收入的绝大部分，货劳税的特点决定其收入分配效果较差，不仅没有起到改善收入分配的作用，一定程度上还恶化了收入分配，拉大了收入差距，这是我国税制结构当前存在的突出问题。本书既研究税制结构优化，又尝试探讨收入分配公平，试图将这两个热点问结合起来研究，对优化我国税制结构和改善收入分配具有十分重要的现实意义，有助于健全我国税制结构。

第二，有利于缩小我国的贫富差距，构建合理的收入分配体系。收入分配问题在任何社会都非常受关注，是社会经济制度的重要内容，也是各个经济环节得以持续的重要纽带。它与每个人、每个家庭的利益息息相关，还能直接决定我们过怎样的生活，即决定生活水平。如果一个国家的收入差距不断扩大，会带来社会财富分配不均、阶层分化等社会不稳定因素，最终影响到社会的高质量持续发展，对任何国家来说，这都是非常具有挑战性的社会问题。税收作为政府调控经济的重要工具，在调节收入分配中扮演着重要角色，而税制结构的优化是构建合理的收入分配体系的基础和前提，更是实现这一目的的重要手段。本书研究有助于缩小我国的贫富差距，构建合理的收入分配体系。

第三，有利于推进高质量发展，促进社会更加和谐稳定。我国现行税收制度在收入分配调节方面存在的主要问题有：直接税占比偏低，其收入分配调节力度严重受限；个人所得税的收入分配调节作用未能充分发挥；财产税严重缺失，难以有效发挥对财富分配的调节作用。总的看来，就是在初次分配和再分配过程中税收的调节机制有待进一步完善，迫切需要深化税制结构改革，缓解其在调节收入分配方面存在的问题。因此，对税制结构收入分配效应的研究，有利于贯彻落实共同富裕理念，促进社会经济高质量发展，也对缩小我国收入差距、促进社会公平、完善我国的收入分配制度有着重要意义。

1.2 国内外研究综述

1.2.1 税收调节收入分配的功能与作用

税收如何调节收入分配，西方学者的认识大致经历了古典经济学派的自由放任、凯恩斯学派的国家干预、货币学派的新自由主义、公共选择学派寻求市场配置与国家干预之间平衡的演变过程。

自由竞争、自由放任是古典经济学家亚当·斯密的主要观点，他是从资本主义早期发展的实际出发进行研究的，主张充分发挥市场作用，限制政府干预。他系统地提出了平等、确实、便利和最小征收的税收四原则，主张按照各自能力的比例缴纳政府费用，认为利润和劳动工资的课税应该取消，要求对很贵的消费品课以重税，而对那些生活必需品最好不要课税，并认为地租就是最好的课税对象。亚当·斯密从来都认为政府对再分配没有什么作用，收入分配应该交由市场来解决，是最有效率的。萨伊、穆勒等经济学家主张要把劳动所得和不劳所得分清楚，差别课税，对那些继承的财产加以重税，而勤劳所得课以轻税，有利于缓和日益尖锐的社会矛盾。新古典经济学家马歇尔提出了通过局部均衡分析和超额负担分析来研究税负转嫁问题，强烈要求对富人征重税，个人所得税要采用超额累进税制，以助于解决收入分配问题。

1929 年的世界经济危机后，凯恩斯主义从天而降。凯恩斯深刻洞察了当时社会财富不均、消费过低的现象，极力主张建立累进税和直接税税收制度体系，特别对遗产要课以重税，从而改善社会收入差距较大的现实。新剑桥学派代表人物罗宾逊更是激进，他甚至主张没收遗产，消灭财富向私人集中的倾向，这样政府可以组织到大量的收入用于公共基础设施和公共服务领域，促进社会公共目标和社会收入分配公平。

20 世纪 70 年代因西方国家严重经济滞胀而受青睐的货币学派主张运用税收来调节经济波动和收入分配，强调扩大税基和减少优惠的作用，提出改变税率方式，以比例代替累进税率。为对付通货膨胀，可以采用收入指数化的机制消除收入不平等现象。弗里德曼还提出了著名的"负所得税"制度，将财政补助制度和所得税制度有机结合起来。公共选择学派则侧重用个人主义方法论、经济人的理性行为等经济学方法来研究广泛的非市场决策的政治问题——政治法规和制度的结构选择，认为收入分配结果无非受四种因素的左右：选择、努力、运气和出身。其中，选择、努力、运气而造成的收入差异是符合公正原则的，只有出身的不同代表了出发的差别，提出应通过税收或公办教育制度来缩小人们的出身差异。[①]

从古典经济学派到凯恩斯主义，再到货币主义、公共选择学派，西方主流经济学对税收调节收入分配的功能认识在不断变化，但主要形成了两种不同看法：一种观点认为，税收调节收入分配功能效果显著，应注重税收政策运用；另一种观点则认为，税收收入分配调节功能相对较弱，只能作为辅助手段发挥作用。瓦格纳（Wagner，1882）认为，可以使用累进税来影响居民之间的收入分配，缩小收入差距，累进税在实现收入分配公平方面发挥了重要的调节作用，从而影响财富分配以及由此带来的社会地位。埃奇沃思（Edgeworth，1897）认为，要在社会福利最大化的约束条件下实现收入的均等化，就是要保证社会成员获得的边际收入带来相等的边际效用，因此，可以通过征税的方式将富人的财富转移给穷人来实现。庇古（Pigou，1920）的研究表明，从长期来看，要想实现资源的优化配置，财富分配应达到一定程度的均等，

---

① 布坎南. 财政学［M］. 北京：商务印书馆，1931：24.

因此，其主张通过累进所得税和遗产税的课征促进社会财富的均等分配，以达到社会公平和资源优化配置的目的。戴芬娜和圣纳瓦纳（Defina & Thanawala，2002）、卡内曼（Kahneman，2006）研究了部分发达国家财政政策和直接税对不平等水平的影响，结果发现，直接税对福利有正向作用，并且降低了这些国家的不平等。

尽管许多西方学者肯定了税收调节收入分配功能的效果，但也有大量西方学者提出了不同看法。卡瓦尼（Kakwani，1977）通过对西方主要发达国家（英国、美国、加拿大、澳大利亚）公共财政分配效果和税收的分配效果进行比较分析，认为不管哪个层级，政府财政支出都有利于改善收入分配，而且财政的效果比税收好。埃门罗（Immerroll，2005）认为，养老金是最好的改善收入分配的手段，税收的效果只能排第二，他是通过分析欧盟15个成员国的税收、社会保险和转移支付得出的结论。沃尔夫和扎卡赖亚斯（Wolff & Zacharias，2007）收集了美国1989年和2000年政府净支出的数据，研究了财政支出对社会福利改善的影响，研究表明，改善收入差距的主要作用来自转移支付，税收虽然有改善收入分配的功能，但是一些累退的税种，如工薪税、消费税等削弱了其收入分配的职能。金米和兰伯特（Kim & Lambert，2007）把美国1994~2004年收入分配情况的数据做了对比，发现税收调节收入分配的功能远远小于转移支付的作用。

国内自20世纪90年代开始，许多学者纷纷关注税收如何来调节收入分配，做了很多研究，取得丰富的科研成果，特别是对我国税收在调节收入差距时其效用越来越低这个现象做了更为深入的研究。卢仁法（1996）认为，个人所得税在校正居民收入差距中不合理的部分时特别有用，提出个人所得税应是调控收入分配的重要税种之一。李实、张平（2000）认为，形成居民收入两极分化的原因各种各样，但是其中非常重要的原因就是政府的税收政策的滞后性。钱晟（2001）指出，要建立健全我国的收入分配体系，必须配套有效的税收调节制度，而且重点应该放在完善初次收入分配的税收调控体系方面，这才是我们未来的努力方向。高培勇（2006）认为，要让税制成为能调节收入分配差距、促进社会和谐的利器，必须将其调节收入分配的功能融入税收制度建设大框架，因为税收是最贴近市场的调节手段。安体富（2007）深入分析了国民收入三次分配，阐述了其基本原理，同时分析了税收在这三次分配中所发挥的作用，并从税收本身的角度出发，分析了税收在不同收入分配环节中扮演的重要角色，认为税收调节收入分配非常重要。贾康（2008）指出，制度建设至关重要，认为收入差距有时是由制度的不合理造成的，我们光谈税收手段，而不分析整体制度，很难解决收入差距过大问题，所以应区分收入差距产生的具体原因。匡小平（2009）从我国社会经济和制度建设角度分析了我国收入差距过大的原因，认为必须正视收入差距过大这个事实，探讨了财税政策调节收入分配应遵循的原则，并从改革和完善财产税、开征社会保险税、完善个人所得税等方面提出了调节我国收入差距过大的财政和税收政策建议。燕洪国（2010）认为，要建立合理的收入分配体系，必须将经济手段与行政手段、法律手段相结合，相互配合，他从税收归宿理论、税收政策的执行理论等方面进行了深入分析。万莹（2013）从我国收入差距产生的原因出发，探讨了税收调节收入分配的机理，对各种税如何调节收入分配及效果进行了对比，指出了我国税收调节收入分配的发力点，并尝试用上市公司的财务数据对我国企业所得税的收入再分配进行了实证分析。蒋震、安体富（2016）认为，经济进入新常态后，按照供给侧管理的要求，要营造有利于创新和创业的财税环境，推动新技术、新产业、新业态蓬勃发展，加快实现经济发展动力转换，必须重视税制结构在调节收入分配中作用的发挥。李子联、王爱民和李笑（2017）认为，深化收入分配制度改革，既要提高高档次税级税率和纳税门槛，又要继续实施利益共享式的再分配，使税收在实现持续增长的同时，居民收入差距不断缩小。胡怡建（2019）认为，税收在国家治理体系中发挥着基础性、支柱性、保障性作用，建议进一步优化税制结构、完善税收制度。

1.2.2 税制结构对居民收入分配的影响

国内外学者对税制结构与收入分配展开了广泛而深入的研究，其主要的研究成果集中在以下三个方面。

1.2.2.1 税制结构对居民收入分配的整体效应

国外诸多研究税制结构的文献表明，科学的税制结构明显有利于社会收入分配改善，反之，则会对收入分配的公平性造成负面影响。萨特（Sarte，1997）研究了自由竞争市场下累进税制结构与收入分配之间的关系，发现累进税制与收入不平等呈正相关，这源于高收入者进行了税负转嫁，累进税制影响了高收入者的经济行为选择，由此导致了收入分配的恶化。拉茨和布吉（Ratts & Borge，2004）探讨了税制结构与居民收入分配的关系问题，认为收入分配公平的实现需要更加合理的税制结构，需要对税制结构进行优化。伯德和佐尔特（Bird & Zolt，2005）认为，发达国家比发展中国家更关注收入分配，累进税制比定额税制和比例税制更有利于实现收入分配公平。弗尔米和奥克斯林（Foellmi & Oechslin，2008）通过计量分析，发现累进税制结构不一定会缩小收入分配差距，反而恶化了收入分配，对穷人的收入造成了负面影响。沃纳和贝尔（Werner & Baer，2008）通过建立数学模型，探讨政府财政支出的再分配效应，认为巴西的税制结构非常不合理，有利于富人而不利于穷人，税收有明显的逆调节作用，穷人的税负相对重于富人。金米和兰伯特（Kim & Lambert，2009）以及亨格福德（Hungerford，2010）的研究发现，美国的税制结构改善了收入分配，主要原因在于美国是累进性税制结构。亚当（Adam，2015）认为，税制结构会影响收入分配，相对于对劳动所得征税，更多地对资本所得征税会导致收入分配不公平。

但也有部分学者认为，税制结构对收入分配影响有限，特别是在发展中国家更是如此。例如，恩格尔（Engel，1999）分析了南非、智利等国家的税制结构，认为其对收入分配的影响可以忽略，因为调节后的基尼系数与之前没有什么变化。伯德和佐尔特（Bird & Zolt，2005）的研究表明，发达国家有着良好的政府和市场，累进所得税制往往成为减少收入不平等的工具，而发展中国家市场不够成熟，制度缺陷较多，再加之政府管理无效，即使采用累进税制，对收入分配的改善作用也有限。金米和兰伯特（Kim & Lambert，2007）收集了美国十年间的数据，通过计量分析，发现收入分配的改善主要贡献是转移支付，政府税收和转移支付合计大约减少了 30% 的收入不平等，而转移支付贡献了其中的 85%，税收只贡献了其中的 15%。奥纳尔和特梅里（Onal & Temelli，

2011）通过调查土耳其 1960~2009 年的收入分配情况，研究了税制结构的积累和分配功能，认为 1960~1980 年相对公平的税制结构（也称之为"现代税制"）对收入分配的改善起到一定促进作用；然而，1980 年后相对不公平的税制（也称之为"后现代税制"），也没有拉大收入差距、恶化收入分配。

　　与国外学者的研究比起来，我国学者对该问题研究起步较晚，但进入 21 世纪以来，国内学者在税制结构的收入分配效应领域展开了深入研究，取了丰富的研究成果。王志刚（2008）通过建立计量模型，导入我国 1992~2007 年的税收数据，分析了我国税制结构累进性，研究结果显示，我国税制结构呈现出一定的累退性，但在时间序列上其累退性正在不断弱化。李香菊、刘浩（2014）和刘华（2012）通过对税制结构和收入差距的实证分析，发现货劳税占比越大，收入差距越大，收入分配的公平性随着货劳税占比上升而下降。卢洪友、熊艳（2014）从税收规模、结构、征管角度出发，建立实证模型，深入分析了税收收入分配效果，发现我国税收的收入分配效果较差，对缩小收入差距没有起到应有的作用。岳希明（2014）从税收归宿角度出发，利用资金流量表和住户调查数据，深入分析了我国家庭的税负，发现累退性是我国税制结构的整体特征，个人所得税和财产类税有助于降低税制结构的累退性，但降低程度有限。王庆、杨移（2016）根据萨杜门提出的基尼系数分解公式计算我国 1994~2014 年的基尼系数并加以修正，认为收入分配是否公平与税制结构的优劣有直接关系，应最大限度发挥税制结构调节收入分配的作用，不断完善个人所得税，继续推进企业所得税改革，适当调整消费税征税范围。也有学者认为，税制结构对居民收入分配的影响力较弱，甚至会有

反作用。刘建民、毛军和吴光军（2016）基于我国 1999～2012 年
31 个省级面板数据，运用面板平滑转移模型，从城乡收入差距视
角出发，对税收政策对居民消费的影响效果进行了实证检验。研
究发现，为了充分发挥税收政策对居民消费增长的促进作用，必
须着眼于发挥税收政策的收入分配调节功能，通过优化税收负担
和税制结构，把城乡收入差距控制在一个合理的范围。马国强
（2016）指出，现阶段我国通过税制结构调节收入分配的主要目标
是济贫不是劫富，因商品的边际消费倾向不同，既可通过提高所
得税比重，也可以通过提高商品税比重实现收入分配公平。胡小
梅（2016）通过对 300 余个城市数据整理分析，发现税制结构在
不同时序上调节收入差距的作用不一，呈现出"先缩小、后扩大"
城乡居民收入差距的效果，强调我国应注重不同税种在收入分配
调节领域发挥作用的切入点。吕冰洋（2017）从国民收入循环角
度探讨了税制结构理论，认为我国税制结构以生产税为主，不利
于调节收入分配和经济发展，征税环节应从生产环节下移至再分
配、使用和积累环节。王庆、杨移（2019）根据基尼系数分解公
式计算出我国 1994～2014 年的基尼系数并加以修正，认为我国税
制结构与基尼系数间存在一定关系，收入分配的公平性与税制结
构的优劣直接相关。

　　不同学者从不同视角对税制结构的收入分配效果展开了深入
研究，其研究结论也不尽一致，但大部分学者认为，我国以货劳
税为主的税制结构影响了其收入分配效果，不利于调节功能的
发挥。

1.2.2.2　直接税和间接税对居民收入分配的影响

　　米里利斯和戴蒙德（Mirriees & Diamond，1971）认为，直接

税能较好地调节收入分配，而间接税的调节效果较差。卡瓦尼（Kakwani，1977）通过对发达国家（主要是英国、澳大利亚、加拿大）的数据分析，发现间接税较强的累退性导致其在收入分配领域发挥不了积极作用。拉迪奥（Natio，1999）的研究进一步印证了类似的结论，税收再分配效应主要通过直接税实现，间接税只能起到辅助作用。杨格（Younger，1999）则通过建立数学模型，深入分析了某个区域的消费数据，发现间接税并不一定一直是累退的。斯库特拉（Scutella，1999）通过研究澳大利亚间接税税负转嫁问题，认为低收入群体相对高收入群体利益损失更大，间接税的累退性明显。特雷德（Trede，2003）利用数学模型研究了税制模式与收入分配的关系，认为累进税制体系下，收入差距要小于固定税制。希杰（Saez，2004）从再分配角度出发，探讨了直接税、间接税不同时期的分配效果，发现短期内间接税的分配效果突出，直接税长期分配效果明显。德科斯特（Decoste，2006）通过计量统计方法，对提高间接税、降低直接税的收入分配效果分别进行了微观模拟实证分析，结果发现，中低收入者与高收入者的收入差距进一步拉大，出现了明显的收入分配逆调节，税收制度的收入分配功能下降。皮凯蒂（Piketty，2007）、亨格福德（Hungerford，2010）等研究认为，直接税的累进性更强，而较强的累进性有利于收入差距的缩小。贝尔和加尔沃（Baer & Galvao，2008）认为，拉美国家过高的间接税比重加剧了居民收入分配的不平等，累退的间接税很大程度上造成了巴西的居民收入分配不公。

近年来，国内学者对间接税和直接税的收入分配效应研究成果也十分丰富。李绍荣、耿莹（2005）认为，我国间接税会加大资本和劳动所得的收入差距，不利于改善社会收入分配。聂海峰、刘怡（2010）认为，短期内间接税累退性明显，长期来看所有税的累退性都呈下降趋势，总体来看，间接税负担呈比例化趋势。刘华、周琦深和徐建斌（2012）通过研究世界银行的数据，建立计量模型，分析了收入分配与税制结构的关系，认为一国的流转税比重越高，收入差距越大。刘成龙（2014）通过建立计量模型，实证分析结果显示，我国的税制结构对收入分配总体呈负效应，原因在于间接税累退性强，直接税累进性强，但间接税占我国税收比重较高，税制结构整体不利于改善收入分配。安体富（2015）认为，我国税制结构的主要问题是直接税比重偏低，影响了政府收入分配目标的实现，当前我国已具备提高直接税比例的条件，应在稳定税负的前提下，逐步提高直接税比重，降低间接税比重，以更好实现收入分配的目标。王庆、杨移（2016）认为，直接税有调节收入分配的作用，但是目前我国直接税占比较低，间接税占比较高，如果不改变这种结构，我国收入差距将进一步扩大。杨宜勇、党思琪（2019）回顾了改革开放以来税制的发展，认为未来 15 年税制改革的重点应在直接税领域展开，应该逐步完善所得税和房产税，不断提高直接税比重，促进城乡收入差距和居民收入差距的同步缩小，努力实现共同富裕。

1.2.2.3　不同税种对居民收入分配的影响

在税收与居民收入分配的研究领域，国内外的大量研究成果集中在不同税种对居民收入分配的影响。在我国，以增值税、消费税、营业税为代表的货劳税占据了我国税收收入的较大部分，本书以这三种税为主，梳理了国内外的相关研究文献。个人所得税作为直接调节收入分配的重要税种，历来受国内外学者研究的青睐，本书自然也不例外，将其纳入研究范畴。财产类税尽管当前在我国税收体系中占比较低，调节收入分配效果有限，但从税收的发展趋势来看，其势必成为未来我国调节收入分配重要的税种。鉴于此，本书主要从以上三大税类的收入分配效果方面梳理相关的研究文献。

关于增值税、消费税、营业税等货劳税的收入分配效果，国内的研究成果较为丰富。樊勇、王蔚（2012）通过构建面板数据模型，探讨了增值税对城乡居民收入分配的影响，实证结果显示，增值税明显恶化了城乡收入分配的差距，尤其是单一税率收入分配效果明显差于多档税率。李海玲（2012）研究了增值税扩围的影响，增值税征税范围扩大后显著减轻了服务业的税收负担，但却削弱了税收分配的公平性，这是因为我国的增值税累退性明显。李波、王金兰（2014）认为，消费税收入分配功能的增强需要把消费税纳入整个税制来考量，尤其要考虑其在货劳税中的作用，加强与增值税等其他税种的配合，要在"营改增"完成之后，重新将一些消费行为纳入消费税的征税范围。白彦锋、符究（2014）通过研究江苏省的数据，构建数学模型实证研究了消费税的收入再分配效应，消费税并没在调节消费、促进收入分配公平方面发挥应有的作用。有的学者综合探讨了货劳税的收入分配效果，将增值税、消费税和营业税进行了综合分析。刘怡、聂海峰（2004）认为，增值税和消费税具有累退性，且消费税的累退性较高，故而对收入再分配不利。平新乔（2009）把营业税的收入分配效果和增值税的收入分配效果做了对比，发现营业税更不利于收入分配的改善，建议将营业税改为增值税。闻媛（2009）、赵昌福

（2011）认为，个人所得税促进了居民收入差距的缩小，而增值税和消费税则一定程度上拉大了居民的收入差距，主张降低货劳税尤其是增值税在税收收入中的比重，提高所得税（特别是个人所得税）在税收中的占比。万莹（2013）实证分析了不同税种对收入分配的不同影响，认为降低增值税税率、调整消费税课税范围和税率结构是减少货劳税收入再分配消极影响的改革方向。白景明、何平（2015）分析了增值税和营业税的居民负担，认为增值税累退性较强，尤其是13%的低税率强化了其累退性，但其累退性并不是绝对的，可以通过对穷人和富人的消费设置差异化的税率来改善其收入分配效果。

关于个人所得税收入分配效应。阿尔姆等（Alm et al., 2005）使用美国多年人口调查的信息，衡量所得税对美国1978～1998年收入分配的影响，认为所得税的收入再分配功能在时间序列上呈减弱趋势，税率结构变化导致所得税的累进性减弱，税收制度不会在所有时间点实现相同的分配目标。吕冰洋（2010）认为，财产税和所得税中的个人所得税是影响居民收入分配的主要税种，要重视个人所得税在调节收入分配中的作用。徐建炜、马光荣和李实（2013）通过研究我国1997～2005年的数据，认为个人所得税平均税率的提升增强了收入分配效果，而2006～2011年平均税率下降使得我国个人所得税的收入分配效果受到了很大的限制。万莹（2013）利用Kakwani指数测算了我国个人所得税收入分配效果，认为我国个人所得税收入分配效果不佳，不是因为税收的累进性不够，也不是因为我国税制设计的问题，主要还是因为规模太小，平均税率太低。白景明、何平（2014）实证分析了2000年以来我国个人所得税改革对收入分配的影响，发现我国个人所得税改革强化了对高收入群体的征税，加大了其税负，降低了低收入人群税负，缩小了收入差距，改善了收入分配。2018 年我国个人所得税法修订后，刘蓉（2019）利用 CFPS2016 数据，评估了个人所得税新政下的工资薪金、劳务报酬和稿酬三类所得对劳动收入分配效应的影响，并分析了影响劳动收入不平等的相关因素，揭示其具体原因，为未来进一步完善个人所得税改革提供政策依据。万莹、熊惠君（2019）采用中国家庭追踪调查（CFPS）数据，微观模拟了 2018 年我国个人所得税改革的收入再分配效应，结果显示，新的个人所得税法有利于实现横向和纵向公平，提高了税收的累进程度，税改加强了对高收入阶层的收入调节，但对中等收入阶层的影响不大，未来应坚持综合课税的改革方向，并进一步扩大综合课税的范围。

我国学者对财产税的收入分配效应研究成果大都集中在理论方面。刘尚希（2007）特别关注了财产税的财政收入功能，认为其收入分配调节功能只是辅助功能，不应过度强调。崔军（2011）认为，如果要缩小收入差距、强化税负公平、完善税制结构体系，就要继续改革个人所得税，适时推出房地产税，开征社会保障税、遗产税等新税种。贾康（2013）指出，对房产保有环节征税是形成经济调节杠杆的重要手段，房产税可以起到缩小收入差距、抑制两极分化的作用。国内学者在财产税收入分配效应的实证方面的研究相对较少，但也取得一些成果。如金双华（2013）实证分析了 2010 年我国城镇居民财产税的收入再分配效应，认为财产税的调节效果和累进性均有限。詹鹏、李实（2015）通过实证模型分析了重庆和上海房产税试点的收入分配效果，认为其分配效果较好，房产税一定程度上改善了收入分配效果，但其调节功能不及个人所得税。郭琲（2015）在分析财政政策的基础上，认为财产税有助于改进我国收入分配效果，应该借鉴国际经验，提高财产税在税收中的占比，开征房地产税、遗产税、赠与税，加强财产登记管理，使财产税的调节更有力、更有效。

1.2.3　税制结构对要素收入分配的影响

1.2.3.1　居民收入分配与要素收入分配

国内外学界对收入分配的研究主要集中在居民收入分配和要素收入分配两个领域。居民收入分配主要探讨社会收入在不同居民之间的收入分配状况，是从收入分配结果的角度研究居民最终获得的收入在社会总收入中的份额及变动情况。要素收入分配在相关文献中又称为国民收入的功能性分配，主要研究要素所有者的投入与其所得收入间的关系，研究国民收入在劳动、土地、资本等要素的分配情况，是从收入来源角度探讨。要素收入分配的概念由里卡多（Ricardo，1821）提出，随后经古典经济学家、马克思主义经济学家对其进行了广泛的研究。

凯恩斯主义长期坚持一个观念，即要素收入分配比重在经济事实中是保持不变的。卡尔多（Kaldor，1960）甚至认为，研究要素分配的前提就是要坚持要素分配份额是一个常数，因为在很长一段时间要素收入份额保持不变就是历史事实。正因为这个原因，使得对要素收入份额的研究停滞了，一直到 20 世纪 70 年代末。此后，有学者开始提出反对意见，认为不同时期不同国家要素收入份额不可能是常数，它是会变化的。波特伯（Poterba，1997）的研究发现，20 世纪 80~90 年代，法国、德国、意大利的劳动收入份额呈现下降趋势，而英国、美国却没有明显变化。布兰查德（Blanchard，1997）发现，自20世纪80年代开始，西班牙、意大利、法国和德国等国的资本收入份额呈现增长趋势。霍夫曼（Hofman，2001）认为，南美洲大部分国家自1950年开始到2000年这50年间的劳动要素收入占比在不断下降，他是通过实证模型估计得出以上结论的。根据他的结论，新古典经济学家们将技术进步、市场垄断和市场缺陷作为影响因子，运用到要素收入数学模型中，建立了要素收入分配理论。

由于劳动力、资本和土地分属不同的群体，由其带来的劳动收入、资本收入和地租等要素收入也会因为所属群体的不同而分配给不同居民，所以要素收入分配必然会对居民收入分配产生影响。阿特金森（Atkinson，2000）指出，增加劳动收入会改善收入分配状况，因为低收入人群主要依靠劳动获取收入，而高收入者主要通过所掌握的财产和资本获取利润。多德和皮纳森（Daudey & Penasa，2007）发现，越是社会收入分配相对公平的国家，整个国家的劳动收入占比就越高。乔瓦尼（Giovannoni，2001）认为，要素收入分配与个人收入差距之间存在明显的联系，在其研究的全部25个国家中有17个国家观察到了劳动收入份额的减少与居民收入不平等的同步上升。

国内学者早期更多地研究居民收入分配，对居民收入分配与要素收入分配间的相互关系研究成果不多。进入21世纪，许多学者开始关注要素收入分配与居民收入分配差距的内在联系。谷书堂（2003）、赵俊康（2006）认为，我国劳动要素收入份额占比下降会拉大我国收入差距。李实和赵人伟（2007）指出，资本与劳动收益的失衡会导致居民收入差距扩大。白重恩、钱震杰（2009）

的研究表明，资本收入份额上升不利于降低居民收入基尼系数、改善社会收入分配状况。李稻葵（2009）认为，我国收入差距拉大、收入分配状况的恶化与资本收入份额上升、劳动收入份额下降有一定关系。张车伟（2010）分析了我国 1978 年以来生产要素报酬占 GDP 份额数据，研究结果显示，我国劳动报酬份额长期较低，资本收入份额占比较大，这对缩小收入差距、改善我国收入分配非常不利。张亚斌（2011）通过对我国 21 个省份的面板数据进行实证分析，发现劳动收入份额与收入差距呈明显的负向关系，资本收入份额与收入差距呈正向关系。邹红（2011）的研究表明，提升劳动要素收入比重是缩小城乡收入差距、改善收入分配状况的有效手段之一。郭庆旺、吕冰洋（2012）的研究表明，通过劳动获取收入的公平性远远好于通过资本获取的收入，要素收入分配向劳动倾斜将有助于缩小居民收入分配差距。这些年来，我国城乡居民收入和消费比在持续不断攀升的原因之一是劳动收入占比在税后收入中的份额不断下降所导致的。周克清（2015）指出，要缩小居民收入差距，必须提升我国劳动收入份额、控制资本收入份额的继续上升。从国内外学者的研究来看，要缩小居民收入差距，就是要想办法提升劳动收入份额或者降低资本收入在整个收入中的比重。

由此可见，居民收入和要素收入有着不可分割的紧密关系，在研究税制结构对我国居民收入分配的影响时，我们不能跳过要素收入分配去探讨居民收入公平问题，因为税制结构的调整会影响要素收入分配，从而间接影响居民收入分配。

1.2.3.2 税制结构与要素收入分配

国外学者较早研究了税制结构影响要素收入分配的机制和效

果。德兰（Deran，1967）指出，社会保障税比较容易转嫁，雇主将成为主要的税负承担者，所以社会保障税会影响要素收入分配，一定程度上减少资本收入份额。霍夫兰（Haufler，2009）认为，经济一体化会影响要素收入分配，通过实证模型分析，发现一体化的趋势会导致劳动要素收入份额下降和资本收入份额上升，这是因为其降低了公司税率，提高了工资税率。国际货币基金组织（2007）的研究报告显示，个人所得税与劳动分配份额呈负相关关系。兰利（Lane，1998）通过实证研究，发现个人所得税并未实质影响劳动者的税后收入，对税前收入有明显影响，会导致居民税前收入大幅下降。费利克斯（Felix，2007）认为，公司所得税率上升影响的不是资本性收入，而是劳动者工资性收入，会导致其下降。尼卡多米（Nicodeme，2007）研究了 20 世纪 90 年代以来欧洲国家的公司所得税，发现税率的降低会提高税前资本收入份额，同时使得公司税占整个经济总量的比重增加。总的来说，国外学者重点分析了公司所得税、个人所得税、社会保险税等对资本收入份额和劳动收入份额的影响，建立了相应的分析框架，并提出了一些对策建议。

近年来，国内学者也加强了税制结构对要素收入分配的研究。李绍荣和耿莹（2005）的研究发现，目的和行为税非常有利于缩小收入分配差距，而流转税、资源税则起到逆调节作用，增加其比重会降低劳动收入份额，提升资本收入占比，从而恶化收入分配，拉大国民收入差距。郭庆旺、吕冰洋（2011）通过使用系统广义矩阵估计方法，实证分析了税收的替代效应和收入效应如何影响要素收入分配，认为企业所得税和营业税会提升劳动收入份额，降低资本收入份额，但前者对要素收入份额影响不明显，后者影响显著。刘润芳、杨建飞（2011）的研究发现，过高的生产税负担容易转嫁给普通居民，会降低劳动收入份额，因而主张通过降低企业生产类税负以提高劳动要素收入比重，缩小居民收入差距。李渊（2012）认为，间接税提升了资本收入份额，直接税则提升劳动收入份额，他主张通过增大直接税比重、降低间接税比重以降低资本性收入份额，改善收入分配。李文溥、谢攀和刘榆（2012）从要素所有者税负差异出发，构建数学模型，深入分析了企业所得税合并以来对要素收入分配的影响，尤其是对劳动要素收入的影响，结果显示，内外企业所得税合并后劳动要素税负下降了。席玮（2012）利用我国 1995～2010 年的要素收入税负数据，通过实证分析，认为间接税会对居民消费产生影响并转嫁税负。殷金朋（2013）实证分析了不同税种的要素收入分配效果，发现营业税、增值税、消费税均有利于降低资本要素收入份额，个人所得税和企业所得税则提升了资本要素收入份额，但其影响力较小。周克清（2015）利用动态面板数据深入分析了税制结构对劳动和资本收入份额的影响，认为我国货劳税、个人所得税均促进了资本收入份额的提高，不利于提升劳动收入份额，要缩小居民收入差距，必须进一步降低货劳税比重，改革完善个人所得税，健全财产税。贾康（2018）指出，要让社会收入分配更加公平，应注重个人所得税对资本和劳动收入的差别化征税，提升资本收入税负，适当降低对劳动收入的课税，改善收入分配，缩小收入差距。

总的来看，国内外学者在税制结构对要素收入分配领域做了大量研究，取得非常丰富的研究成果，搭建了税制结构的收入分配效应理论框架，夯实了研究基础，深入分析了其作用机理。本书将在此基础上进一步探讨税制结构对劳动收入份额和资本收入份额的影响。

1.2.4 税制结构的选择与优化

美国学者布罗姆利通过自己多年对制度变迁的研究，发现"经济条件在任何时候都会对制度交易和安排产生重要影响。社会的政治、经济形势发生变化，现行制度框架不能适应新的条件，社会成员就会对新的条件做出反应，努力修正制度设计，促使制度与新的社会经济形势、收入分配、社会偏好相适应或保持一致"。税制结构也必须随着社会经济形势的变化而改变。

在探讨税制结构变迁受哪些因素影响时，国外学者做了非常广泛而深刻的探讨，对包括税收征管、经济发展、财政结构等问题进行了深入研究。哈利（Harley，1996）认为，在一个国家的不同发展阶段，税制结构会受到国家的对开放水平、市场化水平和人均国民收入的影响，尤其是在开放的市场经济国家，财政税收政策一定具有外溢性，会间接影响到其他国家的社会福利。马斯格雷夫（Masgrave，1996）认为，税制结构的变迁一定受政治因素的影响，虽然社会经济发展是税制结构及政策发生变化的主要原因，但必须考虑政治因素。达沃迪（Davoodi，1997）认为，一国是财政集权还是财政分权以及其集权和分权的程度都会对税制结构的选择和变化产生影响，另外，经济发展情况也会对税制结构产生影响。托森（Tosun，2006）探讨了中东六国的税制结构，又对比了北非六国的税制结构，认为政府对社会经济的干预程度会影响国家采取什么样的税制结构。

国内也有不少学者关注税制结构的影响因素。李建清（2005）

认为，我们可以将影响税制结构因素进行分类，大致可以分为经济因素、社会制度因素、政府干预与政策因素、税收管理因素、国际因素、社会政治历史文化因素。刘广波（2008）则认为，影响税制结构的因素很多，但主要可分为重要因素和根本性因素，重要因素主要体现在政府的主观意志和税收征管制度是否健全，而根本性因素有经济结构、市场效率、市场化程度和国家的法治化水平。李华罡（2009）从政治经济学的角度，探讨了改革与发展对税制结构变化的影响，认为影响税制结构的因素很多，但政治因素和经济因素是至关重要的。韩仁月（2011）则认为，政治因素不会改变税制结构的总体安排，主要受当地的经济发展情况影响，特别是与税系结构、对外开放程度和产业结构密切相关。刘振亚（2016）从税种变动视角对我国税制结构演变过程进行梳理，发现政府目标是影响我国税制结构演变的重要因素，而经济所有制结构、对外依赖程度、经济发展水平、政府分权状况等则是影响我国税制结构演变的潜在因素。韩仁月（2018）认为，税制结构变迁的原因在于经济、政治与制度条件的变化，其中，经济发展水平是根本原因，政治因素是税制结构变动的推动力量。

关于税制结构的优化路径，学术界主要从促进经济增长和促进收入分配公平两个方面进行了探讨。有的学者认为直接税对经济增长有促进作用，有的学者则认为间接税更有利于经济增长，所以从经济增长角度探讨税制结构优化问题，学界观点并不一致。马栓友（2001）认为，直接税对经济增长的拉动作用不如间接税，他认为促进经济增长应该适当提高间接税比重，甚至测算出了我国最优直接税与间接税比率为 0.45，或者说 31% 的直接税和 69% 的间接税分布是最优的。刘海庆、高凌江（2011）则利用脉冲响应函数和 PRVR 模型对我国的税负和经济增长关系进行了动态研究，建议降低间接税比重并提升直接税占比，这样可以更好促进社会和谐，改善收入分配，同时还可以促进消费和经济增长。马国强（2016）认为，税制结构模式取决于经济发展水平和税收政策目标，为保持经济增长，需要降低所得税比重，提高商品税比重，我国在工业化的过程中应该继续实行以商品税为主的税制结构。

还有许多学者从如何促进收入分配公平视角探讨了税制结构优化问题，学者们给出的建议差异较大。部分学者认为，货劳税不利于改善收入分配公平，财产税和所得税更有利于收入分配公平。王剑锋（2004）通过分析我国城镇居民收入分配差异，认为货劳税税负在不同阶层差异较大，税负分担不公平，日常消费品的主要消费者是低收入阶层，其税负要远超过高收入阶层，应该要扩大增值税优惠范围，强化货劳税的收入分配功能。李绍荣、耿莹（2005）认为，货劳税逆调节作用明显，有利于资本所有者而不利于劳动所有者，从而进一步拉大了居民收入差距。张斌（2006）认为，我国的税款以企业缴纳为主，个人或者家庭缴纳较少，这是以间接税为主的我国税制结构决定的，而我国税务机关裁量权较大，影响了收入分配的公平性。我国应从整体税制结构、税式支出、税收征管等方面进行改革，建立起有利于社会公平的税款缴纳制度。刘成龙、王周飞（2014）通过对我国税制结构的收入分配效应分析，认为应逐步提高直接税比重，适当降低间接税占比，构建双主体税制模式，这是我国今后税制改革的重点。储德银、迟淑娴（2016）通过建立静态和动态面板数据模型，实证考察了中国税制结构变迁对收入不平等的影响。

部分学者在对我国税制结构现状进行分析的基础上，梳理出了我国税制结构当前的问题，提出了税制结构优化的建议。吴京芳（2006）认为，要努力打造更为公平的税收竞争环境，要简化税制，尽快建立消费型增值税，并全面改革个人所得税，实行综合和分类相结合的个人所得税制度，开征不动产税，完善地方税体系。张志超等（2008）比较分析了美国、法国等西方发达国家的税制结构，认为应强化个人所得税改革，提升其公平性及在整个国家税制中的占比和地位，拓宽增值税的范围，提高直接税占比，降低财政对间接税的依赖。安体富（2012）认为，要明确我国减税降费目标就是要降低增值税等间接税的比重，增加资源税、财产税等直接税，提升其占税收收入的比重，建议将我国增值税基本税率下调至11%左右，继续提高增值税起征点，加大对小微企业的所得税优惠力度，进一步降低个人所得税的最高边际税率和进口商品的关税税率。高珂（2019）在 CD 生产函数的基础上考虑了税制结构因素，认为我国税制结构对市场价格的扭曲作用较大，主要是因为我国是以间接税为主的税制结构，增加了商品货物流转成本，认为税制结构的优化方向应是逐步降低间接税比重，继续坚持结构性减税，促进经济新旧动能转换。

1.3　研究述评

国外学者关于收入分配的研究成果非常丰富，这些研究为我国学者开展相关研究提供了很好的借鉴，在不同的经济发展水平和不同的社会目标下应采取不同的税制结构。例如，为更好地实现经济发展，国内外的大部分研究结果表明，应采用以间接税为主的税制结构；如果以实现社会公平、改善收入分配为主要目标，税制结构则应以直接税为主。但是，关于税制结构如何影响居民收入分配、税制结构对要素收入分配影响几何，结论仍然莫衷一是。尤其在国内，现有研究往往把初次分配和再分配分开来探讨，比较多地研究直接税和间接税的收入分配效应，或者只研究一种税对收入分配的影响，没有形成完整的研究体系和框架，虽然研究成果较多，但仍存在许多系统性的问题需要解决，这是本书研究的动力，也是本书研究的重要内容。

第一，国外学者对税收收入分配效应的研究更为系统，形成的研究理论也更为丰富。基于这些理论，许多学者开展了大量实证研究，其研究范围不局限于一种税或一个方面的收入分配效应，而是有许多整体的研究成果。因此，国外在税制结构的收入分配领域有着非常深入和成熟的研究成果。国内学者在税收调节居民收入分配领域的研究，大多是规范性的理论研究，构建数量模型进行实证分析的较少，且大量的研究成果主要是对单一税种或税类的分析，不同税种、税类的关联性研究更是稀少，这跟国内很多数据不全，尤其是微观数据缺乏有关。在已有的实证分析中，许多研究成果是根据《中国财政年鉴》《中国统计年鉴》《中国税务年鉴》的数据进行了较为粗浅的实证分析，手段单一，方法简单，缺乏更为严谨、精确的统计和对比分析。

第二，在探讨税制结构的收入分配效果中，税种的累进性是非常重要的研究领域，国外学者在此领域做了深入的研究，形成了大量的研究成果。而国内学者在税制或税种的累进性研究上还处于吸收和借鉴阶段，很少有自创性的模型对税种的累进性进行精准测算，开创性的研究较为缺乏。

第三，国内学者侧重于研究一类或具体税种对收入分配的效应，从整体上研究税制结构对居民收入分配影响的实证分析偏少。国外的研究手段更为丰富，方法更为贴切，更加精细和量化。

第四，国外学者对具体税种的收入分配效应研究深入到了微观层面，直接对市场主体的行为展开了研究，如对增值税，既考虑增值税在实际征管中可能产生偷逃税问题，又将其从整个经济行为的生命周期进行了研究，并对其动机产生的原因及后果进行了量化，具有较强的政策操作性。国内学者收集微观数据难度较大，实证分析中主要以框架式或宏观式的分析为主，研究的基础数据存在一定的问题。对同一问题，如消费税的收入分配效应，不同学者使用的数据口径差异较大，即使数据口径一致，因为数据计算和来源的差异，也会得出截然相反的结果。这是困扰我国学界开展研究的重要问题，也是具体税种收入分配效应研究结论不一致的主要原因。

第五，国外学者在研究税制结构的影响因素与税制结构优化时，综合了社会政治、经济、文化等诸多内容，且每个领域都有非常深入的实证研究，形成了较为完善的研究体系和理论框架。国内的研究相对较为零散，缺少原创理论，更不用说建立起符合中国国情的研究体系。国内大量的研究强调解决当前国内税制结构改革存在的问题，缺少严谨的理论推导和实证分析，没有过多从理论上深入探讨所提政策建议的科学性、可行性。

第六，我国对税制结构的收入分配效应实证研究有较高价值的成果较少。当前，学界对我国税制结构对经济增长和收入分配公平存在一些负面影响有着一定程度的共识，但是综合性研究较少，研究成果不全面、不系统的问题亟待解决。我国关于税制结构的收入分配效应研究大都以简单的描述性统计为主，对于处于经济形势复杂和转型的我国而言，显然缺乏较强的理论解释力，政策建议的可操作性和指导性不足。我们必须使用更先进的宏观经济统计方法和计量方法对我国税制结构选择、税收替代效应及收入分配效应展开研究。总之，这方面的量化研究仍有较大的提升空间。

1.4 研究目标和研究内容

1.4.1 研究目标

本书从实现收入分配公平的视角，采用系统的、全面的研究方法，探索如何构建适合我国国情的税收制度，并且尝试提出一条可行的促进我国税制结构优化的路径。1994 年，我国进行了分税制改革，改革力度空前，但自那以后，我国税制结构的调整步伐没能跟上经济发展变化。随着我国收入差距的不断扩大以及经济结构性问题的不断加剧，为了不让"中等收入陷阱"在我国上演，十分有必要在当前进行税制结构优化。本书从税制结构与收入分配的关系入手，回顾了我国税制结构的演变过程及存在的问题，通过实证模型分析税制结构的收入分配效应，提出了我国税制结构优化的政策建议，以改善我国收入分配持续恶化的状况，促进社会经济和谐稳定发展。

1.4.2 研究内容

本书共分为八章，主要内容如下。

第 1 章，导论。主要阐述了本书的选题背景，说明了本书的研究意义以及研究思路、研究方法，并对本书的创新和不足进行了解释，梳理了国内外相关文献，并做简要评述。

第 2 章，收入分配与税制结构的理论基础。主要阐述了收入分配、税制结构及税制结构优化的基本理论，并深入分析了税制结构对居民收入分配和要素收入分配影响的作用机理，构建了本书研究的理论基础。

第 3 章，我国税制结构的演进与现状。详细介绍了我国自1994 年分税制改革以来，尤其是 2005 年以来我国税制结构的演进及规律，并从收入分配视角分析了我国税制结构的现状。

第 4 章，税制结构对要素收入分配的影响。主要运用多元回归模型对我国当前的所得税、财产税、货劳税对要素收入份额的影响进行了实证分析，并分区域探讨了不同税种对要素收入分配影响的异质性。

第 5 章，税制结构对居民收入分配的影响。分析了我国税制结构对居民收入分配的整体效应，同时，运用非参数可加模型探讨了我国税制结构对不同区域居民收入分配影响的差异性，为税制结构的优化提供了更为精准的实证支撑。

第 6 章，税制结构的国际比较与我国税制结构的问题。分析了发达国家和发展中国家税制结构的现状，并比较了其收入分配效应。综合国际比较经验和实证分析结果，分析了我国税制结构存在的问题，为下一步政策建议打下坚实基础。

第 7 章，促进收入分配公平的税制结构优化路径。根据前面的分析，提出了我国税制结构优化的总体思路，并给出了具体的对策建议。

第 8 章，结论与展望。对研究内容进行了梳理和总结，并就未来的研究方向和税制结构的优化进行了展望。

1.5　研究方法和技术路线

1.5.1　研究方法

（1）文献阅读法。文献的阅读是写作的基础，笔者收集了近十余年国内外的有关收入分配、经济增长、财政税收体制改革、税制结构优化、税种税类的收入分配效应等相关文献资料，认真研究了其研究方法、理论基础，并对相关研究成果进行了比较分析。

（2）规范分析和实证分析相结合。在研究税制结构变动与收入分配互动关系时，本书通过对国内外典型数据梳理，利用多元回归模型、非参数可加模型等进行实证分析；同时，通过规范分析，对目前税制结构收入分配效应做出理性判断，得出税制结构优化的方向，提出能够有效发挥税制结构调节收入分配的优化路径。

（3）比较分析法。收入分配是各国在经济发展中都会面临的重要问题，税制是实现收入分配合理的重要手段，而税制结构优化又在其中扮演重要的角色，对两者关系的研究与探索是世界各国普遍面对的重要课题。他山之石可以攻玉，发达国家已经在这方面进行了大量的研究，本书根据我国收入分配与税制结构改革的实际，采用比较分析的方法，与国外的税制结构演变、现状和选择进行了类比，借鉴了其经验，使研究成果更具价值。

（4）结构分析方法。本书的研究是关于税制结构的优化，在分析问题时，把税制结构和收入分配进行分类，通过对各类别以及各类别之间的相互关系分析去认识和研究税制结构的收入分配效应，通过这种结构分析方法，分析了变量之间的关系，并对其如何影响收入分配进行了深入探讨。

1.5.2　技术路线

本书研究的技术路线如图 1 - 2 所示。

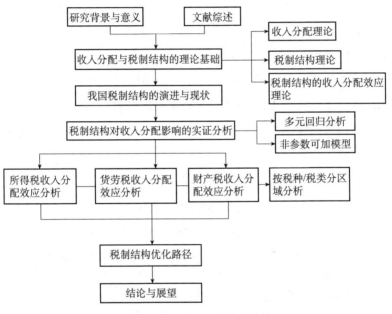

图 1 - 2　本书研究的技术路线

1.6　创新与不足之处

1.6.1　创新之处

本书在国内外已有研究的基础上，对我国税制结构的收入分配效应进行了整体和分区域的规范和实证分析，其可能的创新点体现在以下方面。

第一，本书同时探讨了税制结构对要素收入分配和居民收入分配的影响，并分析了税制结构对区域收入分配影响的异质性。关于税制结构的收入分配效应，国内的研究成果大多集中在某一税类或某一具体税种对居民收入分配的影响上，较少将居民收入分配和要素收入分配联系起来研究，更缺少税制结构对我国区域收入分配效应影响的差异性研究。本书利用 2003～2016 年国内 30个省份的数据，研究了不同税种在不同地区对居民收入分配的影响，还尝试探讨了税制结构对要素收入分配的影响，丰富了我国税制结构的研究成果，为我国新一轮税制改革提供了理论思考和应对策略。

第二，本书在运用多元线性回归模型的基础上，引入非参数可加模型对税制结构的收入分配效应进行了非线性的实证分析，打破了国内许多学者在研究税制结构的收入分配效应时大都采用线性模型分析的做法，研究工具和研究方法具有一定的创新性。

1.6.2　不足之处

由于收入分配问题的复杂性和收入数据的隐蔽性，官方公布的可查的统计数据十分有限，对税制结构的收入分配效果进行分析和评价不可避免会遇到各种困难，加之笔者学识有限，本书存在以下不足。

第一，本书试图通过分析我国税制结构对居民收入分配产生了什么影响，对要素收入分配又产生了什么影响来探究其内在的联系，为完善我国收入分配体系提供科学的政策建议，但在实际的研究过程中发现缺少足够的微观数据，极大地影响了原定的研究计划，书中实证分析很难直接落实到个人或家庭层面，最后的结论还是建立在宏观的数据基础之上，使得整个研究价值受到了一定的影响。本书虽然从理论和实证两方面分析了税制结构对居民收入分配和要素收入分配的影响，也在一定程度上探讨了其内在联系，但在理论、视角上均没能有较大的创新，离预定目标还有一定距离。

第二，本书的研究范围还需进一步拓展，使用的研究工具和研究方法还存在一些缺陷，需要继续完善。本书在分析税制结构对收入分配的影响时，主要从税制结构对居民整体收入分配的影响方面进行探讨，尽管也分区域进行了分析，但缺乏更具体系和细致的探讨，在今后的研究中可以从城乡差距、行业差距等方面进行更为全面、更为详细的科学探讨。本书主要使用了非线性模型，但未能充分探讨该模型测算结果的可靠性，分析结果有待进一步验证，研究结论和政策建议是否具有可操作性还需要实践检验。

第三，由于数据收集难度较大，对各税种的研究还不够细致、全面。本书尝试探讨了占我国税收比重较大的增值税、消费税、营业税、企业所得税、个人所得税的收入分配效应，对可能影响收入分配的其他税收因素（如税收征管等）未纳入考量，对其他配套措施如何配合税收政策来调节收入分配效果以及收入分配分化可能对税制改革产生哪些反作用未做论述。尤其对新近税制改革对收入分配效果的影响研究不足，可能影响本书研究结论的客观性。这些问题有待在今后的研究中进一步深入和完善。

第2章　收入分配与税制结构的理论基础

回顾和梳理收入分配与税制结构的理论基础，可以更好地认清税制结构调节收入分配的功能和局限，厘清税收调节收入分配的作用机理和边界，合理确定税制结构在社会收入分配综合调控体系中的定位。只有科学设定税制结构调节收入分配的目标，才能建立起与我国国情相适应的税制结构调节体系，做出切实有效的税收制度安排。

2.1　收入分配理论

收入分配理论是经济学的重要组成部分，有些古典经济学家甚至将其视为经济学的核心部分。从古典经济学到现代经济学，收入分配问题一直是经济学家非常重要的研究领域，也是社会学家、政治家十分关注的社会问题。本章对不同学派、学者的收入分配理论的论述进行了梳理和归纳。

2.1.1　马克思主义分配公平理论

公平是人类社会诞生之初就追寻的目标，也是人类在社会进步和改革过程中必须考虑的问题。马克思主义学者及经典著作并没有专门就公平问题进行理论研究，但纵观经典的马克思主义著作，公平观念始终贯穿其中。

2.1.1.1　分配公平是相对的、历史的公平

马克思主义经典作家是从无产阶级和广大人民的切身利益出发，在批判资本主义社会的基础上形成和发展了马克思主义公平观。公平问题产生于劳动实践，劳动实践又会反作用于公平，并反映社会生产生活水平。因此，公平问题的解决需要依靠生产力水平的提升，所以，马克思认为公平是相对的，公平的内涵会随着社会实践的变化而不断发展变化。"公平在现实经济关系中要么反映其革命的观念化，要么反映其保守的思想状态。在古代希腊和罗马，当时大部分人认为奴隶制度是公平的；在1789年资产阶级革命时，强烈要求废除封建制度，因为据说它不公平。"[1] 从马克思主义的论述中，我们可以发现，马克思主义的公平是一个相对的概念，不同的历史时代有不同的理解，具有鲜明的时代性。不同的人、不同的阶级对公平有着不一样的标准和定义，对公平的理解有较大差异。

2.1.1.2　强调生产方式决定分配方式

社会再生产过程如何进行分配是由生产决定的，"生产条件本身分配的结果就是消费资料的分配，不同的生产条件会产生不同的消费资料分配，而生产条件的分配从某种程度上折射出了整个社会生产方式的性质"[2]；"分配是同人们再生产以及由此产生的关系彼此相联系的，也是生产过程中一种不同于一般的社会形式，并在这些形式和生产关系中产生。这些分配关系与生产关系一样

---

① 　马克思恩格斯选集（第三卷）［M］. 北京：人民出版社，1995：212.
② 　马克思恩格斯选集（第三卷）［M］. 北京：人民出版社，1995：306.

具有一定的历史性质，分配关系仅仅是生产关系中的一种而已"[①]。所以，要解决收入分配问题，就要从根源上探讨生产方式问题，不能就分配问题本身来探讨，必须拓宽问题探讨的范围。

2.1.1.3 劳动能力和天赋所带来的收入差距是合理的

马克思认为，由阶级身份所导致的收入分配差距是不应该存在的，但是先天禀赋和劳动技能所产生的收入分配差距的分化存在一定可取性。"某个人在智商和体能上强于另外一个人，他可以在同样的时间内提供更多的劳动，或者他可以坚持更长的劳动时间；而劳动，要当做尺度来用，就必须按照它的时间或强度来确定，不然它就不称其为尺度了。这种平等的权利，对不同等的劳动来说是不平等的权利。它不承认任何阶级差别，因为每个人都像其他人一样只是劳动者。"[②]

2.1.2 福利经济学的收入分配理论

福利经济学是以英国霍布斯和庇古为代表的经济学家于 20 世纪 20 年代创立的研究社会经济福利的一种经济学理论体系，它主要致力于社会经济运行的目标以及为实现社会经济运行目标所需的生产、交换、分配的一般最适度的条件及其政策建议的研究。

2.1.2.1 庇古的收入分配理论

根据庇古（1920）的"收入均等化"理论，整个社会福利的提高可以通过收入均等化来实现。富人的消费边际效应小于穷人，所以，当国家通过财政、税收等手段，如失业保险、养老金、义

---

① 马克思 . 资本论（第三卷）[M] . 北京：人民出版社，1975：998.
② 马克思恩格斯文集（第三卷）[M] . 北京：人民出版社，2009：432.

务教务和免费医疗等，将富人的财富转移给穷人时，在国民收入总量不变的情况下，穷人的效应就会提升，进而提升整个社会的福利效应。虽然庇古建立在基数效应理论基础上的再分配理论存在很大的局限性，但其收入均等化理论仍然具有一定的解释力，能解决一些社会问题，在学术界被大量引用，对当前我国开展收入分配效应研究具有一定借鉴作用，并具有一定的现实意义。

2.1.2.2　帕累托的收入分配理论

建立在序数效应理论基础上的新福利经济学是重要的学术流派，其中，帕累托的收入分配理论是基于效率的视角来探讨社会公平问题。通过福利经济学第一定理可知：假如市场是完全竞争的，竞争性均衡对实现帕累托效率是非常重要的基础。建立于此基础之上的帕累托效率有可能是公平的，也可能是不公平的。怎样把不公平的收入分配转变为公平呢？福利经济学第二基本定理告诉我们这样一个事实：在完全竞争市场下，个人禀赋的初始分配可以通过政府行为进行改变，但是其他事情得由市场自行运转进行解决。从中可以得知，新福利经济学认为，可以通过政府的调节来解决起点分配的不公平问题，而改善分配的效率则应该通过市场机制解决，可以通过市场自由价格竞争来实现，即实现竞争均衡必须靠完善市场机制来保证起点的公平。[①]

2.1.2.3　现代福利经济学的收入分配公平理论

20 世纪 70 年代，福利经济学开始走出低谷，其后发展的态势呈多元化。其中，具有代表性的是 1998 年诺贝尔经济学奖获得者

---

① 郭晓丽. 我国税收调节居民收入分配效应研究 [D]. 北京：中国财政科学研究院，2016.

阿玛蒂亚·森,现代福利经济学发展方向由其研究成果所引领。他提出了"贫困指数"概念,是在研究落后或极端贫困国家弱势群体的福利增进问题的基础上提出来的。阿玛蒂亚·森还给出了改善贫困群体收入的具体政策建议,探讨了贫困背后的政策、制度、伦理、技术等深层次原因和相互关系。因此,现代福利经济学把贫困问题作为非常重要的研究内容,衍生出了该领域的诸多政策研究,有力推进了收入分配的公平。

2.1.3 新剑桥学派的收入分配理论

新古典综合派以美国著名经济学家萨缪尔森为首,在与新古典综合派的长期交锋过程中形成了新剑桥学派,新剑桥学派的代表人物有罗宾逊、卡尔多等人。该学派认为,应最终实现收入分配的均等化,提出政府要采取多种手段调节收入差距,主张将经济增长与收入分配结合起来研究,认为收入分配的分化是社会不稳定的重要原因,尤其关注劳动收入和财产收入在整个国民收入中比例的变化。

新剑桥学派尤其重视如何充分利用税收的功能来调节贫富差距、实现社会收入分配的公平,强调在税收制度的构建时,应该慎重考虑行业间的税负差别,以及行业间的税负能力,要重视税收公平原则在税收政策中的重要作用。这些是新剑桥学派认为税收是国家宏观经济调控重要手段和重要工具的基本观点,所以该学派所有政策建议都非常强调收入分配的基础地位。其具体政策建议主张低收入阶层尽量少纳税,高收入阶层多缴税,高收入者的税收占收入比例应高于低收入阶层,认为短期内所得税应采用累进税制;而针对消费行为应开征消费税,加大对奢侈品的征税力度，减轻对生活必需品的征税，甚至免税。从长期来看，新剑桥学派建议征收没收性的遗产税，除了给孤儿、寡母留遗产外，其他遗产一律征收，这样可以彻底解决财产的集中，可以抑制靠财富传承而不劳而获的行为，既可以增加政府收入、增加公共目标的财政支持力度，也激发了社会财富产生的活力。[①] 同时，该学派非常注重加强对税收的微观作用分析，提出了对税收调节收入分配的微观政策。新剑桥学派的税收思想非常多元，给后来的财税学界带来很多研究启示。尽管新剑桥学派的观点存在很多问题，但对我国收入分配调节策略有非常重要的借鉴意义，为税制改革提供了解决思路。

2.1.4　皮凯蒂的收入分配理论

2.1.4.1　收入分配是经济学分析的核心

《21 世纪资本论》是皮凯蒂的重要代表著作，他使用欧美国家近 300 年的时间序列数据，分析了市场经济中贫富分化走向及收入分配失衡的历史演变趋势，主要研究了收入分配差距的产生以及财富与收入分配的关系等社会分配问题。皮凯蒂详细描述了资本主义社会财富产生的特征以及收入分配不公的原因，在此基础上，提出了解决资本主义社会收入分配等问题的对策建议，对 2008 年金融危机爆发后的世界经济的发展具有创新性的研究价值和意义。他把世界各国政府应如何看待公平和效率问题摆在了世人的面前，重新引起了世界的关注，在当前世界收入和财产差距不断拉大的现实情况下具有独特的意义，这也是该书畅销的重要原因之一。

---

① 琼・罗伯逊. 经济学 ［M］. 北京：北京大学出版社，1998：168.

2.1.4.2 资本收益率大于经济增长率是财富不平等的根源

托马斯·皮凯蒂认为，收入分配以及财富的演变是由趋同和分化的力量共同主导的。"资金不断输入、知识的扩散和人力资源的培训是趋同的主要力量，而这种力量对一国或多国的收入分配不均和国家总体生产效率的提升具有重要作用。"[1] "分化的原因是资本所获得的收益要高于一般经济增长，这是社会财富和收入分配差距扩大的重要原因，而这种力量一般要大于趋同的力量，因为高收入者财富积累和收入远高于其他人群。"[2] 经济增长带来的收入增长率一般要低于资本收益率，这是自由市场运转的必然，在这种情况下，就自然产生了财富和收入分配的分化。从而在逻辑上可推断出社会的产出和收入的增长速度一定会慢于继承财富的增长速度。所以，继承财富的多寡决定一个家庭和财富的多少，而不是由劳动付出的多少所决定，后天努力没有出生重要的论断自然就有了社会经济的现实基础。

2.1.4.3 劳动和资本的不平等

"对劳动和资本的公平性进行判断主要看财富的积累是靠劳动还是靠继承遗产，如果主要靠继承遗产，那么社会正义会因为轻视劳动而受到歧视，劳动的公平性会受到挑战。如果一个人拥有巨额的继承财产，不管其劳动技能如何低下，其收入总是会大于一般劳动者。劳动收入最高 10% 的人拥有总劳动收入的 25% ~ 30%，拥有资本收入最高 10% 的人却拥有超过 50% 的社会财富，

---

① 托马斯·皮凯蒂.21 世纪资本论［M］.巴曙松译.北京：中信出版社，2014：22.
② 托马斯·皮凯蒂.21 世纪资本论［M］.巴曙松译.北京：中信出版社，2014：512.

而最底层 50% 的人财富分享几乎一无所有，这就是不公平的。"①

2.2　税制结构理论

2.2.1　税收分类理论

在研究税制结构前必须对税收进行分类，从某种意义上说，研究税制结构的基础就是要对税收进行分类。放眼世界，各国的税收制度千差万别，税制结构也各不相同，在税种设置上也是五花八门，税种数量差距较大。为了更好地开展对税制结构优化的研究，必须博取众家之长对税收进行分类。依据不同的标准，主要的分类方法有以下几种。

（1）根据课税对象的不同，一些学者将税收分为三类，即商品税、所得税和财产税。这种分类方法在许多国家被采用，运用范围较广。商品税的主要课税对象是商品，它常常以商品流转额作为税基，常见的如增值税、消费税、营业税、关税等是商品税的主要税种。所得税的主要课税对象是纳税人的收益或收入，企业所得税和个人所得税是目前两大主要所得税种。另外，有的国家将社会保障税、工薪税等也纳入了所得税的范畴。财产税的课税对象主要是纳税人所持有的各种动产和不动产，如房产税、契税、车船税等，财产税在大部分国家是小税类。

（2）按税负转嫁的难易程度，现代税制可分为直接税和间接

---

① 托马斯·皮凯蒂.21 世纪资本论［M］.巴曙松译.北京：中信出版社，2014：241 - 244.

税（见表2-1）。各国学者根据通用标准进行分类，如果税负转嫁难度高，纳税人和负税人大概率一致，一般认为这种税就为直接税，依次归类，直接税主要包括财产税类和所得税类，财产税如房产税，所得税如个人所得税和企业所得税。如果税负不难转嫁，或者纳税人和负税人脱离，这类税称为间接税，主要包括各类商品税，如增值税、消费税、关税。根据上述分类，直接税有直接税的特点，间接税有间接税的特点，如果能相互弥补不足、互相配合，税制结构就会相对完善。然而，对上述分类，学界存在许多不同的看法，其局限性也是显而易见的。例如，按照税负转嫁难易程度分为直接税和间接税，并认为所得税和财产税难以转嫁故而归为直接税，但税负转嫁理论告诉我们，税负转嫁的难易程度主要是由供求弹性决定的。实际上，近年来，我国房地产市场火爆，大部分时期处于卖方市场，房地产开发商可以较好地将税收负担转嫁给购房者，而房屋所有者也能较好地将税收负担转嫁给二手房的购买者。如此而言，我们根本无法将财产税等与房地产有关的税收归为直接税，说明按税负转嫁的难易程度将税收分为直接税和间接税的方法具有一定的局限性。

表2-1   直接税和间接税归类

直接税		间接税	
企业所得税	契税	增值税	资源税
个人所得税	耕地占用税	消费税	烟叶税
土地增值税	车船税	营业税	关税
船舶吨税	车辆购置税	城市建设维护税	环境保护税
房产税	城镇土地使用税	印花税	

资料来源：国家发展改革委员会就业和收入分配司，北京师范大学中国收入分配研究院. 中国居民收入分配年度报告（2018）［M］. 北京：社会科学文献出版社，2019：264。

（3）根据税收征管单位的归属，可将其分为中央税、地方税和共享税三类。不同国家在实际划分时，受政治经济环境的影响，各税种的归属差异较大，没有一个相对统一做法。一般来讲，归中央享有的税收称为中央税，归地方政府支配的称为地方税，中央和地方共同享有的称为共享税。当前，我国中央政府享有的税收有关税、消费税等，地方政府享有的税收有房产税、契税等，中央和地方的共享税主要包括增值税、企业所得税、个人所得税等。

（4）经合组织（OECD）和国际货币基金组织（IMF）税收分类。按照 OECD 和 IMF 的分类方法，一个国家的税收大致分为六类（见表 2 - 2）。OECD 和 IMF 分类方法尽管大部分相同，但仍然有部分不同，以上两类组织税收分类的区别和联系主要包含以下几点：第一，OECD 和 IMF 的分类中基本一致的有所得、利润和资本利得税，工薪税，财产税；第二，OECD 的货物和劳务税包含了 IMF 分类中的货物与劳务税以及关税；第三，OECD 将社会保障缴款作为一种重要的税种来看待，而 IMF 将其列入了财政收入，但没有把它列为税收收入；第四，两个组织的分类方法都设置了其他税类来包含其他小税种，里面包含的税收大同小异，且都属于小税种。结合 IMF 和 OECD 两个组织的税收分类，暂不考虑社会保障缴款和工薪税，那么税收可以分为四大类，即货物与劳务税，所得、利润和资本利得税，财产税以及其他税。

表 2 - 2　　　　　　　　**OECD 与 IMF 的税收分类**

OECD 的分类方法	IMF 的分类方法
所得、利润和资本利得税	所得、利润和资本利得税
工薪税	工薪税
财产税	财产税

续表

OECD 的分类方法	IMF 的分类方法
货物与劳务税	货物与劳务税
社会保障税	国际贸易与交易税
其他税	其他税

资料来源：OECD 和 IMF 官方网站。

（5）本书的分类方法。如果将税收的分类按照课税对象的性质进行划分，可以将税收划分为流转税、所得税、财产税、资源税和行为税，这种划分方法从某种意义上能反映我国税收的现实情况，但与国际通行的一些分类方法接轨时又存在诸多不适，比方说，我国的很多税收数据难以与国外相关数据进行有效的对比分析。因此，在借鉴国际通行分类方法的基础上，结合我国传统的税收分类方法，本书将我国的税收制度分为货物与劳务税（简称货劳税）、所得、利润和资本利得税（简称所得税）、财产税和其他税（见表2-3）。其中，货劳税是对商品生产、销售和转移及对劳务提供的课税；所得税是对公司和个人所得、利润和资本利得的课税；财产税是对财产持有和转让等的课税；其他税则是上述三类税之外的税。

表2-3 本书的税收分类

税类	货劳税	所得税	财产税	其他税
范围	增值税 消费税 营业税 资源税 关税 城市建设维护税 烟叶税 车辆购置税	企业所得税 个人所得税 土地增值税	房产税 城镇土地税 车船税 契税 耕地占用税	印花税 船舶吨税 环境保护税

资料来源：国家发展改革委员会就业和收入分配司，北京师范大学中国收入分配研究院. 中国居民收入分配年度报告（2018）［M］. 北京：社会科学文献出版社，2019：264。

我国现行的税收制度所含的税种大部分是自 1994 年分税制改革以来形成的。其中，增值税、营业税和消费税划入货劳税，在财政学界基本达成了一致；资源税的征税对象为国有自然资源，具体包括原油、天然气、煤炭、金属矿等资源型产品；车辆购置税征税对象为零售环节的车辆；烟叶税的征税对象为农民销售给收购商的烟叶；关税的征税对象为进口环节的相关商品。显然，上述税种的征税对象皆为货物，属于货物和劳务的范围。另外，作为增值税、消费税、营业税的附加税的城市建设维护税自然也归为货劳税的范围。根据我国的税种设计，我国的货劳税应包括增值税、营业税、消费税、资源税、车辆购置税、烟叶税、关税和城市建设维护税。①

所得税包括个人所得税、企业所得税和土地增值税。其中，土地增值税是指转让国有土地使用权、地上的建筑物及其附着物并取得收入的单位和个人，以转让所得的收入（包括货币收入、实物收入和其他收入）减除法定扣除项目金额后的增值额为计税依据向国家缴纳的一种税。本书在此将土地增值税列入所得税可能会引来一些疑义，但是从税法对土地增值税的定义可以看出，土地增值税是对土地使用权转让及出售建筑物时所产生的增值部分进行课征，其课税目标指向资本利得，所以，本书认为应该将土地增值税归入所得税。

财产税是对财产转让和保有所征收的一类税。有的学者又将其细分为静态财产税和动态财产税。其中，对持有财产所课征的

①　有学者认为，车辆购置税应该属于财产税，但财产税更多是指对财产持有或转让征税，在财产取得环节一般不征财产税，故将其纳入货劳税范围。

税种叫静态财产税，我国的房产税、城镇土地使用税、耕地占用税、车船税等都属于静态财产税；对财产转让和交易所征收的税叫动态财产税，契税是我国最为典型的动态财产税。

此外，我国还有一些很难归类的小税种，如印花税、固定资产调节税（2000 年停征）、筵席税（2008 年停征）等。我们可以参照 IMF 和 OECD 标准将这些小税种归入其他税，因为这些税既不是简单的对货物和劳务课税，也不是对所得和财产课税，税收总量和其占税收总收入的比重都很小，且部分税种已经停征，所以本书在此将这些税统一归为其他税。

2.2.2　税制结构模式选择理论

从税制发展的历史和各国实践看，按照财政收入标准，同时参考税收调控作用，能够担当主体税的只有财产税系、商品税系和所得税系，在此基础上形成了以财产税为主、以商品税为主、以所得税为主的税制结构模式及同时以其中两类税为主的双主体税制结构模式。

2.2.2.1　以财产税为主体的税制结构模式

以财产税为主体的税制结构模式是指税制结构中课征与财产方面的税收收入占据主导地位。因为财产税系包含多个税种，以不同税种为主体的财产税系类型会有所差异，主要分为两类：一类是对牲畜、金银首饰、货币等为主要课税对象的一般财产税为主体的税制结构。历史上，英国曾经在 12 世纪采用这种税制模式。另一类是对土地及土地附着物等为课税对象的特别财产税为主体的税制结构。从财产税系的历史来看，以特别财产税为主体的税制结构是主要形式，一般是在商品经济发展初期采用的模式。我国历史上在相当长的一段时期就是以课征土地的田赋为主体税种。

2.2.2.2　以商品税为主体的税制结构模式

以商品税为主体的税制结构模式是指以课征商品和劳务交易税为主要税收收入。由于以商品劳务交易额为课税对象的商品税转嫁起来非常容易，因而又称为以间接税为主体的税制结构模式。大多数发展中国家和少数发达国家采用这种税制结构模式。

在税收实践中，商品劳务税种繁多，而且名称不统一。国际上采用了荷兰鹿特丹伊拉斯姆大学经济系主任科森博士的划分方法，将商品劳务税划分为八个税种，即周转税、增值税、生产环节销售税、批发环节销售税、零售环节销售税、消费税、关税、劳务税。目前，由于税制改革的不断深入，商品劳务税的各个税种已经发生了很大变化。商品劳务税的主要税种就是增值税、销售税、消费税、关税等。以商品为主体的税制结构模式又分为以增值税为主体、以选择性商品税和消费税为主体、以关税为主体的三种类型。

2.2.2.3　所得税为主体的税制结构模式

所得税为主体的税制结构模式是在税制结构中课征与所得方面的税收收入占据主导地位。税负转嫁对所得税来讲并不容易，所以，财政学界又常把以所得税为主体的税制结构称为以直接税为主体的税制结构模式。大多数发达国家和少数发展中国家采取这种税制结构模式。

所得税是随着生产力水平的提高和资本主义制度确立后成长

起来的税系，经过多次税制改革，个人所得税、公司所得税、社会保险税和资本利得税构成了所得税系的基本税种，因而形成了以个人所得税为主体、以社会保险税为主体、以公司所得税为主体的三种不同选择。

2.2.2.4 以商品税和所得税为双主体的税制结构模式

商品税和所得税在这种税制结构模式中共同发挥了税收的宏观调控功能，因为商品税和所得税在税收总收入中占比接近。这种税制结构模式一般是在主体税种转换过程中形成的，即商品税为主体转向所得税为主体。但是，随着最优税制理论研究的进展和 20 世纪 80 年代以来不断进行的税制改革，增值税得到普遍采用，商品税的地位和作用有所提升，与此同时，个人所得税和公司所得税差距日益缩小。如果扣除社会保险税，OECD 国家 2015年所得税占税收收入的比重为 33%、商品税为 32%，基本平衡，成为双主体税制结构模式。

2.3 税制结构调节要素收入分配的理论基础

一般家庭收入主要源于资本要素收入或劳动要素收入，而税收会对资本要素收入和劳动要素收入同时产生重要影响，改变要素收入在国民收入中的占比。诸多研究表明，资本要素收入份额上升会拉大收入分配差距，而劳动要素收入份额上升则有助于缩小社会收入差距。那么，税收影响要素收入分配的机制如何，影响程度有多大呢？要分析税收如何调节要素收入分配，必须研究税制结构对要素收入分配的调节机制，也就是说，必须进一步从不同税类层面，综合考察其对要素收入份额的影响及差异。为此，本书首先从理论上探讨税制结构对要素分配的影响，然后通过实证分析探究税制结构对要素收入分配的影响程度，并分区域从不同税类、税种的视角深入分析税收对要素收入份额的影响。

2.3.1　货劳税的要素收入分配效应

2.3.1.1　增值税的要素收入分配效应

我国采用的是消费型增值税，其是典型的价外税，通过层层抵扣进行征收，该征税方式对税负转嫁非常有利。诸多研究表明，税负转嫁的难易程度主要受商品的供求弹性影响：商品的需求弹性小，供给弹性大，则该商品的税负易于向消费者转嫁；商品的需求弹性大，供给弹性小，则生产厂商及批发商成为税负的主要转嫁对象。增值税的课税对象包含了居民大部分日常生活消费品，这些消费品的需求弹性较小，所以该部分商品的增值税容易转嫁给消费者，也即所谓的税负前转。从另一个角度看，虽然增值税对生活必需品之外的资本品也会征税，但资本品属于中间产品，资本品税负比较容易通过生产和消费环节转嫁给生活消费品，其转嫁程度如何则决定于资本品的供求弹性，但长期来看，必然需要维持与其他商品生产持平的收益率，故而必然向生活消费品的消费者转嫁税负。从这里可以发现，如果居民是以劳动要素作为其主要收入来源，增值税的劳动要素税的特征则十分明显，其对劳动要素收入的影响要大于对资本要素收入的影响，因此，必须重视增值税对要素收入分配的影响，这样才更有利于改善我国的收入分配状况。

2.3.1.2 消费税的要素收入分配效应

我国的消费税在货劳税中的占比并不高，仅对增值税货物范畴内的 15 个特定税目征收，属于选择性商品税，它一般选择生产环节征税，故而其具有资本要素税的特征。消费税对珠宝玉石和贵重首饰在零售环节征税，而珠宝玉石和贵重首饰的消费者大多具有较高的收入，其收入更多来源于资本性收入，故而我国消费税具有资本要素税的特征，更容易对资本要素收入分配产生较大的影响。消费税的课税对象大多是生活非必需品，该类商品在普通消费者的消费商品中占比较低，被转嫁税负的机会不多，高收入者自然成了该类税负的主要承担者，理论上应该有利于调节收入分配差距。

2.3.1.3 营业税的要素收入分配效应

营业税是一种对劳务服务征税的价内税，其课税对象是提供服务取得的营业额。营业税对要素收入分配产生的影响主要体现在要素替代效应上。国外许多学者一般将营业税作为对资本要素征税，国内学者在对营业税负进行分析时一般也将营业税视为对资本要素课税。从营业税的税目来看，营业税的征税范围包括文化体育业、建筑业、交通运输业、服务业、邮政通信业、金融保险业、娱乐业、转让无形资产、销售不动产等，大部分税目均不直接面对普通消费者。按照税负转嫁的基本理论，营业税又必然会通过各种渠道转嫁给普通消费者，故而其在短期内属于对资本要素征税，但长期来看属于对劳动要素征税，因此，其对资本要素收入份额和劳动要素收入份额的影响不是很明确。

2016 年 5 月 1 日，我国全面实行"营改增"，营业税的要素收入分配效应已走入历史，但其曾作为地方政府的第一大税种，发挥了重要的历史作用，为保证分析数据的完整性，本书仍然将其纳入分析范畴。

2.3.2　所得税的要素收入分配效应

2.3.2.1　个人所得税的要素收入分配效应

我国新修订的个人所得税主要对工资、薪金所得等九个方面征税[①]，具有对劳动和资本所得双重课税的性质。属于对劳动所得课税的主要有工资、薪金所得，劳务报酬所得，特许权使用费所得，稿酬所得，经营所得等；对资本性所得课税主要包括财产租赁与转让所得，利息、股息、红利所得等。由此可以发现，个人所得税不仅对资本课税，也对劳动课税，具有双重课税性。个人所得税对资本征税部分将导致资本收入份额下降和劳动收入份额上升，而对劳动征税部分则会产生相反的效果。就现实情况来看，我国个人所得税收入主要来源于工资、薪金所得，2003～2016年其占个人所得税的比重均在50%以上[②]，故而个人所得税会降低劳动收入份额，因为个人所得税其主要面向劳动要素征税。

2.3.2.2　企业所得税的要素收入分配效应

企业所得税课税对象为企业利润，主要以企业利润总额为征税依据，属于对资本收益所征的税，即资本要素税。从要素收入

---

　　① 包括工资、薪金所得，劳务报酬所得，稿酬所得，特许权使用费所得，经营所得，财产租赁所得，财产转让所得，偶然所得，利息、股息、红利所得九个方面。
　　② 根据2003～2017年《中国统计年鉴》和《中国税务年鉴》的数据计算而得。具体计算方法参考陈建东、齐琳琳、陈建涛发表于2017年第2期《税务研究》的文章《我国城镇居民收入对个人所得税收入的影响》。

效应来看，企业所得税会使资本收入份额下降，这是因为企业所得税会引起税后资本收益和净利润率下降。从要素替代效应来看，在开放经济条件下，为保证税后收益率基本保持不变，征收企业所得税会使得企业向投资者支付的税前资本收益率提高，从而促使企业用更多的劳动替代资本，由此会导致资本分配份额下降。从收入效应与替代效应综合角度来看，企业所得税的缴纳会拉低资本分配份额，有助于改善我国收入分配差距较大的状况。

2.3.3　财产税的要素收入分配效应

财产的形成是收入积累和储蓄的结果，即通过劳动要素收入和资本要素收入积累和储蓄，并以购置相关财产的形式表现出来。民众购置财产的目的一般有三个：一是占有和使用；二是投资和增值；三是作为馈赠他人和遗赠后代的基础。静态财产税和动态财产税是国内外诸多学者划分财产税的一般方法。其中，静态财产税主要是对财产的拥有和使用课税；动态财产税主要对交易、馈赠和遗赠财产行为征税；而投资增值型财产的征税主要是通过所得税来实现的。因此，从理论上看，财产税对劳动要素和资本要素分配的份额没有直接影响，其影响主要是通过对购置资产的收入来源的双重征税来实现的。

2.4　税制结构调节居民收入分配的理论基础

早期的税收制度对于国民经济的影响仅限于为政府筹集财政资金，因此马克思说"税收是喂养政府的奶娘"，但随着社会经济的不断发展，税收制度逐渐具备了合理配置资源、调节收入分配及稳定宏观经济的职能。特别是随着社会阶层分化的日益加剧和贫富差距的不断扩大,为了协调各社会群体间的矛盾,迫切需要对居民收入分配进行调节。税收制度是由各税类及税种相互衔接组成的,其对居民收入分配的影响也是通过各税类及相应税种来实现的。

2.4.1 货劳税对居民收入分配的影响

货劳税在世界许多国家都是一种较为可靠且稳定的政府收入来源,因此使用广泛,尤其是在发展中国家更是如此。这主要是由货劳税易于管理、税源稳定、课税隐蔽、纳税便利、征收阻力小等特点所决定的。

关于货劳税的税收归宿及其对收入分配的调节作用,尽管在理论上存在一定的意见分歧,但总体来说,与课税商品或劳务的供求状况、需求弹性以及各收入阶层的消费模式等社会经济环境密切相关。主张以货劳税来调节收入分配的观点认为:一方面,普遍课征的货劳税很容易影响企业的生产和交易,使得生产和交易成本对各生产要素的供求和价格产生影响,这些影响通过货物和劳务销售环节最终传导至国民收入在政府、企业和个人三者之间的分配,从而实现国民收入的总量调控;另一方面,通过对不同商品和服务的选择性、差别性课税,调节了不同商品和服务的性价比,进而影响到市场消费者的消费行为选择,从而起到对不同消费群体收入结构的调节作用。例如,对奢侈品和高档消费品等消费行为课以特别的消费税,使得高收入者承担了相对多的税负,因为高收入者是奢侈品市场的主力消费者。通过这种课税方式起到了对收入差距的调节作用。高收入者和低收入者的消费模式差异越大，消费习惯越不同，利用消费税等货劳税来调节收入分配的力度就越大，货劳税的收入分配效果就越明显。如果低收入者的消费支出主要体现在低税或者无税的生活必需品上，而高收入者的消费支出主要体现在高税的奢侈品上，则对商品课征的货劳税体系就可以在一定程度上实现税负归宿纵向公平的累进特征，达到缩小收入分配差距的目的。

我国以货劳税为主体的税制结构的形成具有历史必然性，是与我国现阶段经济发展水平和征管条件相适应的历史选择。货劳税在我国税制中的这种主导地位在可预见的未来很长一段时期内都是其他税类难以企及的。因此，在其他税种（尤其是个人所得税）占比较低、整体规模较小的情况下，如何改善我国货劳税的收入分配效应有非常大的操作空间，对提升我国税收的收入分配调控作用具有特殊重要的现实意义。

2.4.2 财产税对居民收入分配的影响

税收对居民收入分配调节分为对收入流量的调节和对收入存量的调节两个方面。财产税对收入分配的调节属于存量调节。流量调节和存量调节存在互动关系，过去收入流量的分化必然引起今天财产存量的分化，而今天财产存量的分化必将引起下一轮的收入流量的分化。所以，存量财产的税收调节也是调节收入分配不可或缺的一环。

从财产的形成而言，财产是由居民收入的储蓄转换而来的，对居民持有使用财产征税在一定程度上是重复征税。这是因为居民获取收入时已经征收了一次个人所得税，其除去消费之后的结余部分通过储蓄积累购置相关财产，而对居民征收财产税显然具有重复征税的效果。尽管对居民持有使用财产征税似乎不具有公平性，但却能够在一定程度上降低高收入阶层的收入水平。如果考虑到上述财产可能具有增值空间，那么对居民持有使用财产征税则能够降低高收入阶层的资本利得水平。财产出售时的征税又可分为利得税和行为税，对财产出售征收的利得税属于所得税的范畴，对财产出售征收的行为税（如契税）则需要考虑该行为的征税方式与税率特征。对财产赠与或继承的征税是大部分国家的通行做法，其目的在于控制贫富差距的代际转移，即上一代积累的财富通过赠与或继承的方式转移给下一代，不利于下一代贫富差距缩小。因此，适时开征赠与或遗产税是我国当前需要考虑的问题，它能够在一定程度上缓解居民的收入分配差距。

需要引起重视的是，学界对财产税到底是货物税，还是资本税，或是使用费，并未达成一致，存在不同看法。货物税的观点认为，财产税（房产税）有一定的累退性，因为住房支出占收入的比重会随着收入增加而下降，故而财产税（房产税）具有累退性；关于资本税的观点认为，财产税会降低资本收益率，对收入分配的影响则是累进的；关于使用费的观点则认为，财产税不会有收入分配效应。

2.4.3 所得税对居民收入分配的影响

2.4.3.1 个人所得税的居民收入分配效应

通常认为，所得税对居民收入分配的影响最大，尤其以个人所得税为甚。个人所得税是对居民收入的课税，一般按照能力原则进行课税。个人所得税制有比例税制和累进税制之分，俄罗斯等独联体国家及部分东欧国家采用比例税制，而世界上大多数国家则采用累进税制。由于比例税制不管个人收入水平的高低，其应纳税额与应纳税收入之间的比例保持不变，即平均税率维持不变，对居民收入分配的影响力较弱。但大多数国家采用累进税制，将居民应纳税收入按照一定的级距分为多个档次，并对其规定不同的边际税率，收入越高其边际税率则越高，从而高收入居民的收入中将有更大部分转移到政府手中，降低了高收入居民与低收入居民间的差距。如果政府将从高收入居民手中筹集的收入采用一定的方式平均返还给全体居民，则能够进一步缩小居民之间的收入差距。现实地看，政府利用从高收入阶层筹集的收入提供教育、医疗等公共产品，提高了低收入阶层获取较高收入的能力，从而在一定程度上解决起点公平的问题。所以，理论上，个人所得税对居民收入分配具有较好的正向作用。

2.4.3.2　企业所得税的居民收入分配效应

企业所得税对企业生产经营利润课税，其对居民收入分配会产生什么影响呢？企业所得税会缩小利润状况不同企业的税后收益，降低了资本收益率，这是因为企业所得税主要对企业纯收益即净利润课税，调节了企业的盈利水平，从某种意义上说，改善了资本收入者与劳动收入者之间的收入差距，起到了调节居民收入分配的作用。看起来，企业所得税向企业所有者征税，但由于企业税负转嫁存在许多复杂性和不确定性，很难精准计算谁承担了更多税负，所以，调节收入分配的任务企业所得税很难发挥应有的作用。这源于封闭经济条件或短期条件下社会资本总额固定不变，资本所有者全部负担相关企业所得税；而在开放经济条件或长期条件下，对企业生产经营利润的征税会导致资本外流，税收负担将转嫁给劳动者。总的来看，企业所得税对居民收入分配的影响是通过间接方式实现的，即首先影响资本要素的价格及收益，进而影响劳动力要素的价格及收益，并改变二者之间的收益分配关系。

第3章　我国税制结构的演进与现状

我国税制改革的历程大致经历了计划经济时期、有计划的商品经济时期、社会主义市场经济时期三个阶段。税制结构也随着税制改革和市场经济发展的需要不断变化，逐渐形成了以货劳税为主体的税制结构体系。本章从我国税制改革入手，梳理了我国税制结构演变过程，详细分析了我国税制结构的现状。

3.1　我国税制改革历程

我国现行的税收制度是在 1949 年新中国成立以来的政治经济形势不断变化过程中逐渐形成的，其间经历了新中国成立初期的经济建设、十年"文革"、改革开放等重大事件，由此也引发了数次比较大的税制变革，发展过程漫长而曲折。税制的演进大致可以分为三个阶段，即计划经济时期、有计划的商品经济时期、社会主义市场经济时期。因为每个时期国家的大政方针差异较大，税制也随之不断变化，直到 1994 年我国开始确立社会主义市场经济的发展方向，税制才得以逐步完善，演进路径日渐清晰。

3.1.1　计划经济时期

这一时期我国主要实行计划经济，从新中国成立到改革开放初期。该阶段一共经历了四次税制改革。

第一次是 1950 年税制改革：统一全国税政。新中国第一部税法《全国税政实施要则》于 1949 年 11 月制定，1950 年开始实施，在全国开征了除农业税外的 14 种税，这 14 种税包括货物税、工商业税、薪给报酬税、地产税、存款利息税、关税、印花税、盐税、屠宰税、遗产税、房产税、交易税、特种消费行为税、使用牌照税。1950 年 4 月，政务院决定在全国开征契税，并公布了《中华人民共和国契税暂行条例》。1950 年税制改革建立了以货劳税为主的多税种、多次征收的税制结构。该税制适应了当时经济上多种经济成分和多种经营方式并存的形势，对于我国政府迅速抑制通货膨胀，扭转财政经济困难局面，以及促进经济的恢复和发展都发挥了重要作用。

第二次是 1953 年税制改革：修订税制。过渡时期的总路线和总任务在 1952 年被党中央提出："要尽早实现对农业、手工业和资本主义工商业的社会主义改造，这是我们未来一个时期内要完成的基本任务。"为了配合过渡时期的总路线和总任务，国家对税收制度进行了修订，对不同经济性质的纳税主体采取繁简不一、轻重不同的区别对待政策。经过 1953 年修订税制后，我国保留了 14 种税收：商品流通税、关税、货物税、农业税、工商业税、印花税、盐税、屠宰税、城市房产税、牲畜交易税、文化娱乐税、利益所得税、车船使用牌照税和契税。1952 年开征了海关船舶吨税。

第三次是 1958 年税制改革：统一全国农业税，建立工商税。对农业、手工业和资本主义工商业的社会主义改造在 1956 年基本完成了，生产关系发生了具有重大历史意义的转变。随后 1958 年进行了税收制度改革，其指导思想是：在基本保持原税负的基础上简化税制，主要是设计合并税种，简化纳税环节，简化计税价格，简化对中间产品的征税，适当调整税率，建立独立的工商所得税，统一农业税制度等。经过 1958 年税制改革，我国保留了 14 个税种：工商所得税、利息所得税、工商统一税、关税、盐税、海关船舶吨税、农业税、屠宰税、车船使用牌照税、城市房地产税、文化娱乐税、契税、牲畜交易税、集市交易税。税收改革后，我国税收制度的经济调节功能受到了很大的限制，日渐成为一种单纯筹集财政收入的工具。

第四次是 1973 年税制改革：合并税种，简化税制，试行工商税。设计合并税种是 1973 年的税制改革的主要内容，通过税种合并，税制化繁为简，提升征管效率。具体如工商统一税及其附加、城市房地产税、车船使用牌照税、盐税和屠宰税合并成为工商税；简化税目税率，即将工商税的税目由 108 个减为 44 个，税率由 141 个减为 82 个；简化征收办法。经过 1973 年的改革，我国形成了以货劳税为主体的税制结构，税收制度及相关政策在社会经济发展中的调节作用受到了进一步的限制。

总的来看，在计划经济时期我国形成了以货劳税为主体的税制结构，但由于该时期税收大部分时间仅仅是政府单纯筹集财政收入的工具，故而税收制度及其结构对于社会经济运行的调节作用极为有限。

3.1.2 有计划的商品经济时期

改革开放后，我国逐步进入有计划的商品经济时期，为适应改革开放的需要，我国对税制进行了大范围的调整和优化，主要涉及以下三个方面。

一是建立涉外税收制度。在改革开放之初，为尽快建立涉外税收体系，我国从 1980 年开始通过全国人大先后制定颁布了《中外合资经营企业所得税法》《个人所得税法》《外国企业所得税法》。经全国人大授权国务院也制定了一系列的涉外法，继续对中外合资企业、外国企业和在我国境内工作的外国人征收工商统一税，其后又出台了针对外资及外国人的车船税和城市房地产税；进入 20 世纪 90 年代，为进一步规范市场税收制度，全国人大又将《中外合资经营企业所得税法》与《中华人民共和国外国企业所得税法》合并为《外商投资企业和外国企业所得税法》，涉外的税收制度得到进一步完善。通过一系列法规政策的实施，到 90 年代末，我国涉外税收制度体系逐步建立起来，对改革开放和对外经济技术的合作起到了巨大的推动作用，也为提升我国的营商环境和法治化水平发挥了重要作用，形成了有中国特色的涉外税收制度。

二是对国有企业实行利改税。为了改革国有企业收益分成制度、提高国有企业的竞争力，我国相继推出两步利改税，将国有企业上交利润制度改为缴纳企业所得税。通过一系列的税制改革，完善了国有企业的缴税纳税机制，逐步建立起以增值税、产品税、营业税、资源税、国营企业所得税、盐税等为主要税种的税收制度。

三是其他税收制度改革。为了适应改革开放的需要，我国还陆续完善了对集体企业、私营企业等不同所有制类型企业的差异化的税收制度，同时，健全了个人所得税体系，陆续推出了城乡个体工商业户所得税、个人收入调节税、国营企业奖金税、集体企业奖金税、事业单位奖金税、国营企业工资调节税等个人收入调节税，加强了对个人收入的调节力度。在此基础上，为适应经济发展形势，先后出台了房产税、城镇土地使用税、耕地占用税、车船税、印花税、城市建设维护税、固定资产投资方向调节税、筵席税、特别消费税等税种。

总的来看，我国有计划的商品经济时期货劳税和所得税占比不断上升，逐渐成为我国最主要的税收来源，对推动改革开放向纵深发展起到了重要作用，税收促进经济社会发展的功能逐渐显现，对社会经济全面发展，贯彻国家经济政策，调节生产、分配和消费，起到了积极作用。

3.1.3 社会主义市场经济时期

社会主义市场经济时期的税制改革本书认为可以分为两个阶段，第一个阶段是 1992 ~ 2012 年，第二个阶段是 2013 年至现在，即党的十八大后的税制改革。

建立社会主义市场经济是党的十四大以来确定的战略目标。自党的十四大以来，我国的改革开放继续向纵深发展，进入了新的阶段，社会主义经济建设取得了巨大成就，社会主义市场经济理论初步形成。为了适应社会主义市场经济体制改革，我国于1994 年进行了税收制度改革，奠定了现行税收制度的基础。

1994 年我国进行了重大的税制改革，除了全面推行分税制外，对许多具体税种也进行了优化。一是改革货劳税。明确了增值税在货劳税中的主体地位，同时，优化消费税和营业税，并调整改变了内外有别的货劳税制度，统一了货劳税制。二是统一企业所得税。改革开放之初，不同所有制类型的企业其所得税也有差异，此次改革将各种企业所得税合并统一，提升了税收的公平性。三是改革个人所得税制，将对外国人、个体户和一般个人所得税全部整合为统一的个人所得税。四是调整和完善其他税种。首次开征了土地增值税，扩大资源税等部分税种的课税范围，取消了燃油特别税、盐税等一些小税种，同时，将屠宰税、筵席税的征收授予地方政府，扩大了地方政府的税收自主权，提升了地方政府的税收积极性。之后，我国还相继进行了多次较大的税制调整：2008 年消费税征税范围扩大；2008 年内外企业所得税的合并；2009 年增值税的转型；2012 年开始的"营改增"试点；停征固定资产投资方向调节税、取消农业税及资源税改革。

党的十八大以后及进入新时代以来，税制改革进一步深化。主要从以下四个方面推进税制改革：一是逐步推进"营改增"。2012 年 1 月 1 日至 2016 年 5 月 1 日"营改增"不断深入，逐步将营业税的征税范围纳入增值税，完善了抵扣链条，减少了纳税环节，税制进一步简化，促进了征收效率的提升，同时，打通了第二产业和第三产业的增值税抵扣链条，促进了专业化分工协作，有利于工业与服务业深度融合发展，推动了我国的产业转型升级。二是开征环境保护税。2018 年 1 月 1 日《环境保护税》正式实施，这是我国全国人大常委会落实"税收法定原则"第一次制定的单行税法，对促进依法治国和美丽中国建设具有重要意义，同时，也是为我国推进生态文明建设制定的第一部单行"绿色税法"。三是启动了新一轮资源税改革。新的资源税从 2016 年 7 月 1 日开始施行，对资源税的整个体系进行了全面改革，改革范围包含了资源税的征收范围、税率、税费关系、税收优惠、征收方式、税权划分等方面，改革力度空前。河北省是资源税第一个试点省份，主要开展水资源税试点，同时，全面清理涉及矿产资源的收费基金，加强税收优惠管理，合理确定税率水平。通过对资源税的全面改革，规范清理了过往的收费混乱状况，实现了清费立税，从价计征，并提升了资源的使用效率，初步建立了规范、公平、高效的资源税制度，对更好组织财政收入、保护生态环境和促进资源节约集约利用型社会的建立发挥了积极作用。四是新修订了个人所得税法。2019 年 1 月 1 日新修订的个人所得税法正式颁布，将免征额由 3500 元提高至 5000 元，同时，扩大了税前扣除范围，首次将房贷利息、租房费用、老人赡养和子女教育费用等列入了税前扣除项目，更重要的是，建立了综合与分类相结合的征税模式，个人所得税改革取得重大突破。与此同时，房地产税改革在紧锣密鼓地进行，国地税合并使税收征管体制进一步完善，征收效率提升。

党的十八大后，我国进一步优化税制，重点围绕六税一法（增值税、资源税、消费税、环境保护税、房地产税、个人所得税和《税收征管法》），努力完善具体税种征收办法，积极探索建立既有利于组织财政收入，又有利于科学发展、社会公平、市场统一的税收制度体系，特别注重发挥税制调节收入分配公平、促进经济增长和结构优化的作用。我国逐步形成了以货劳税为主的非均衡税制结构，货劳税在税收总收入中的比重最高时超过 70%。近年来，我国所得税在整个税收体系中的地位有所上升，所得税在税收收入中的比重不断提高。为调节收入分配，房地产税开征的呼声也在不断上升，目前，国家已将房地产税纳入下一步税制改革的重点，所得税和财产税的比重必将继续提高，更有利于促进收入分配的公平。

3.2　我国税制结构的演进

　　1994 年我国进行了分税制改革，2001 年加入了世贸组织，在各领域的改革持续深化，经济出现了高速增长态势，税收收入也在不断增长。2005 年我国税收收入为 3.29 万亿元，2016 年达到了 14.05 万亿元（见表 3-1），增长了约 4.27 倍，年均增长 16%。货劳税从 2005 年的 2.3 万亿元增长至 2016 年的 8.6 万亿元，税收的总收入增长了约 3.74 倍，年均增长为 14%。2016 年所得税总收入为 4.3 万亿元，是 2005 年的 5.58 倍之多，年均增长率约为 20%；财产税总额虽小，但增长最为迅速，2016 年财产税收入 1.1 万亿元，比 2005 年增长了 8 倍，年均增长 24%，成为增长最快的税类。其他税类占比较小，基本维持在总税收收入的 5% 以内波动。

表 3-1　　　　　　　2005~2016 年我国税制结构的变化

年份	税收合计（万元）	货劳税		所得税		财产税		其他税	
		总额（万元）	比重（%）	总额（万元）	比重（%）	总额（万元）	比重（%）	总额（万元）	比重（%）
2005	328696087	234064009	71.21	77455809	23.56	14890847	4.53	2285422	0.70
2006	398212697	278984676	70.06	97650407	24.52	17803829	4.47	3773785	0.95
2007	522756623	343295305	65.67	132630507	25.37	24203447	4.63	22627364	4.33
2008	612536863	402137896	65.65	164549178	26.86	32632921	5.33	13216868	2.16
2009	669555257	449546632	67.14	168194045	25.12	42792408	6.39	9022172	1.35
2010	827757646	555761355	67.14	206644488	24.96	54931730	6.64	10420073	1.26
2011	1021297719	668985513	65.50	277196685	27.14	64677969	6.33	10437552	1.02
2012	1135479655	742511986	65.39	305472473	26.90	77622192	6.84	9873004	0.87
2013	1225905218	783107849	63.88	337050294	27.49	93291982	7.61	12455093	1.02
2014	1323845256	827718030	62.52	377330857	28.50	103372941	7.81	15423428	1.17

续表

年份	税收合计（万元）	货劳税		所得税		财产税		其他税	
		总额（万元）	比重（%）	总额（万元）	比重（%）	总额（万元）	比重（%）	总额（万元）	比重（%）
2015	1385826703	842371638	60.78	401616165	28.98	107388377	7.75	34450523	2.49
2016	1405040332	859998263	60.09	434308612	30.35	114599660	8.00	22171297	1.54

资料来源：关税与2005年、2006年农业税类及2010年前的契税、耕地占用税数据来源于历年《中国财政年鉴》，其他数据来源于历年《中国税务年鉴》。

3.2.1 货劳税的结构变化

货劳税占比总体呈稳步下降趋势。货劳税一直是我国第一大税类，其占总税收收入的比重从2005年的71.21%下降到2016年的60.09%，下降了11个百分点（如图3-1所示）。货劳税的三大税种，即增值税、消费税、营业税均是我国的重要税收来源税种，其变化趋势对我国税制结构的变化有着重要影响，本书通过对2005~2016年的税收数据进行梳理（如图3-2和图3-3所示），分析其变化趋势。

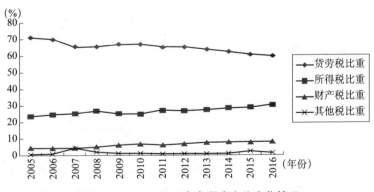

图3-1 2005~2016年各税类占比变化情况

资料来源：数据由表3-1整理而得。

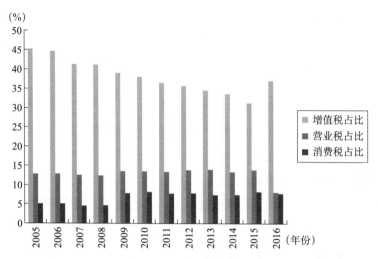

图 3 – 2　增值税、营业税、消费税占总税收收入的比重

资料来源：数据由表 3 – 1 整理而得。

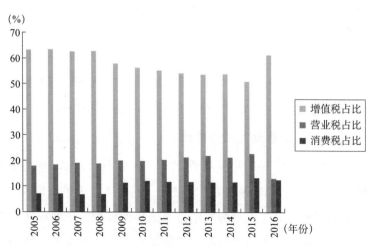

图 3 – 3　增值税、营业税、消费税占货劳税收入的比重

资料来源：数据由表 3 – 1 整理而得。

3.2.1.1 增值税占比稳步下降,"营改增"后增长迅速

增值税不但是货劳税中的第一大税种,也是我国所有税种中占比最大的税种。2005~2016 年,增值税从 1.49 万亿元增加到 5.3 万亿元,增长了 3.6 倍,但占总税收收入的比例总体呈下降趋势,从 45%下降到 2015 年的 31%。2016 年全面"营改增"后,增值税占比上升了 6 个百分点,增长至 37%。随着"营改增"的全面落实,增值税的税收总量和税收占比还将继续上升。但 2018 年以来,我国减税降费力度不断加大,增值税一直是重点减税税种,税率也在逐步降低,预计增值税在几年后将保持稳定或逐年下降。

3.2.1.2 营业税占比平稳上升,"营改增"后退出历史舞台

营业税曾是货劳税中的第二大税种,在全部税种中的占比仅次于增值税和企业所得税。2005~2016 年,营业税总额从 4231 亿元增加到了 1.1 万亿元,增长了 2.6 倍,占总税收收入的比重总体呈缓慢上升趋势。2005 年为 12.87%,2015 年增加至 13.94%,2016 年"营改增"后,营业税占比大幅下降,仅为 8%。随着"营改增"的全面落实,营业税占比大幅下降,直至正式退出历史舞台。

3.2.1.3 消费税占比快速增长

消费税是货劳税的重要税种之一,税收总收入从 2005 年的 1686 亿元增加到 2016 年的 1.1 万亿元,绝对额增长了 6.5 倍,年均增长 18.6%,是三大货劳税中增长最快的税种。消费税在货劳税和总税收收入中的相对比重呈迅速上升趋势。尤其是 2008 年,我国进行了消费税改革,改革效果立竿见影,2009 年消费税收入同比增长了 83%,其后消费税收入占比仍呈上升趋势。我国消费税主要对非日常生活用品征税,从收入分配的角度来看,消费税

还有较大的增长空间，特别是随着我国经济的快速发展，老百姓生活水平的不断提高，对高档烟酒、珠宝、首饰、游艇等奢侈品的消费需求越来越强，消费税的税率、税源还有较大的提升空间，预计未来我国消费税还将继续快速增长。

货劳税的其他税种还有关税、车辆购置税、城市建设维护税等，因其占税收收入比重均在3%以下，且收入较为稳定，研究意义不大，本书不再赘述。

3.2.2　所得税的结构变化

从图 3 - 1 可知，所得税 2005～2016 年一直呈上升趋势，2005 年占比为 15.54%，2016 年所得税占比已超过 30%，成为我国的第二大税类。

3.2.2.1　企业所得税快速增长，税收占比不断提高

2005 年企业所得税为 5511 亿元，2016 年增长到 2.9 万亿元（见表 3 -2），增长了 5.3 倍，年均增长 16.3%，这与我国近十余年来经济快速发展、企业收入大幅增长、税源充足有着十分重要的关系。企业所得税占税收收入的比重也在不断提升，从 2005 年的 16.77% 提升至 2016 年的 20.35%，企业所得税在国家总税收收入中扮演着越来越重要的角色。

表 3 -2　　　　2005～2016 年所得类税收收入情况

年份	企业所得税			个人所得税			土地增值税		
	总额（万元）	比重1（%）	比重2（%）	总额（万元）	比重1（%）	比重2（%）	总额（万元）	比重1（%）	比重2（%）
2005	55113077	16.77	71.15	20939615	6.37	27.03	1403117	0.43	1.81
2006	70808979	17.78	72.51	24526703	6.16	25.12	2314725	0.58	2.37

年份	企业所得税			个人所得税			土地增值税		
	总额（万元）	比重1（%）	比重2（%）	总额（万元）	比重1（%）	比重2（%）	总额（万元）	比重1（%）	比重2（%）
2007	96749876	18.51	72.95	31849412	6.09	24.01	4031219	0.77	3.04
2008	121951634	19.91	74.11	37223126	6.08	22.62	5374418	0.88	3.27
2009	121562641	18.16	72.28	39435885	5.89	23.45	7195519	1.07	4.28
2010	145488900	17.58	70.41	48372678	5.84	23.41	12782910	1.54	6.19
2011	196027974	19.19	70.72	60540777	5.93	21.84	20627934	2.02	7.44
2012	220078620	19.38	72.05	58203246	5.13	19.05	27190607	2.39	8.90
2013	238795857	19.48	70.85	65315273	5.33	19.38	32939164	2.69	9.77
2014	264418046	19.97	70.08	73765974	5.57	19.55	39146837	2.96	10.37
2015	277117198	20.00	69.00	86172598	6.22	21.46	38326369	2.77	9.54
2016	291246259	20.35	67.06	100940460	7.05	23.24	42121893	2.94	9.70

注：比重1为税种占总税收收入比重；比重2为税种占该税类的比重。

资料来源：数据由2006～2017年《中国税务年鉴》整理而得。

3.2.2.2 个人所得税收入稳步增长，税收占比保持稳定

2005年个人所得税仅为2093亿元，2016年历史性地突破了1万亿元，增长近5倍，年均增长15.37%。在此期间，个人所得税先后多次提高免征额，同时缩小级距，拉大级差，增加了税前专项扣除范围，强化了个人所得税收入分配职能。在不断释放个人所得税红利的同时保持了个税总额的稳步增长，这与我国老百姓收入的不断上升、纳税能力不断提升关系密切。个人所得税占总税收收入的比重保持稳定，基本在6%上下波动，税收占比没有随着税额的上升同步增加，这也侧面反映了我国个人所得税还有较大的增加空间，尤其在对高收入者收入调节方面的功能还需要进一步加强。随着我国税制改革越来越注重公平，个人所得税将越

来越受政府关注，其占比还将进一步提升。

3.2.2.3　土地增值税收入增速最快

近年来，由于我国城镇化的不断推进和房地产市场的蓬勃发展，土地增值税呈逐年上升趋势，从 2005 年的 140 亿元增加到 2016 年的 4212 亿元，增长了 30 倍，年均增长 36.2%，成为所得税类增长最快的税种。其占总税收收入的比重从 0.43% 提升到了 2.94%，占所得税的比重达到了近 10%，随着我国城市化的进一步推进，土地增值税有望继续增长。

3.2.3　财产税的结构变化

从图 3-1 可知，财产类税在过去 20 多年占我国税收收入的比重不断上升，从 2005 年的占比 4.5% 上升至 2016 年的 8%，虽然占比不高，却是我国过去十余年税收收入来源占比增长最快的税类。

从具体税种来看（见表 3-3），房产税从 2005 年的 436 亿元增加到了 2016 年的 2221 亿元，增长了约 5 倍，年均增长 15%，其占税收收入的比重稳步提升。城镇土地使用税从 137 亿元增加到了 2256 亿元，增长了 16 倍，年均增长约 29%，占税收总收入的比重也在逐年提高。契税是财产税的第一大税，2005 年总收入为 735 亿元，2016 年达到 4295 亿元，增长了 5.8 倍，年均增长约 15%，占总税收收入的比重总体呈上升趋势。房产税、城镇土地使用税、契税的大幅增长与我国近二十年来城市化、工业化的不断推进密切相关。城市化、工业化的进一步推进必将进一步提升这些税种在国家税收中的重要地位。进入 21 世纪，我国汽车保有量迅猛增长，成为全球第一大汽车市场，车船税自然也是水涨船高，从2005年的39亿元增加到2016年的681亿元，增长了17倍，年均增长约29%。车船税占比稳步提高，2016年达到0.48%。耕地占用税也在快速增长，从2005年的142亿元增加到2016年的2008亿元，增长了14倍，年均增长约27%，占比也不断提高，这反映了我国近年来农村经济的不断发展、农民收入的不断提升、农村的开发稳步推进。

表3-3　　　　2005~2016年财产类税收收入情况

年份	房产税		城镇土地使用税		契税		车船税		耕地占用税	
	总额（万元）	比重（%）	总额（万元）	比重（%）	总额（万元）	比重（%）	总额（万元）	比重（%）	总额（万元）	比重（%）
2005	4358514	1.33	1373475	0.42	7351400	2.24	388958	0.12	1418500	0.43
2006	5148074	1.29	1768107	0.44	8676700	2.18	499748	0.13	1711200	0.43
2007	5754210	1.10	3854694	0.74	12062500	2.31	681643	0.13	1850400	0.35
2008	6802766	1.11	8168892	1.33	13075300	2.13	1441863	0.24	3144100	0.51
2009	8036228	1.20	9209871	1.38	17350500	2.59	1865109	0.28	6330700	0.95
2010	8940568	1.08	10040089	1.21	24648500	2.98	2416173	0.29	8886400	1.07
2011	11023914	1.08	12222171	1.20	27657300	2.71	3019984	0.30	10754600	1.05
2012	13724824	1.21	15407161	1.36	28572356	2.52	3930203	0.35	15987648	1.41
2013	15815016	1.29	17187696	1.40	38150299	3.11	4739619	0.39	17399352	1.42
2014	18516364	1.40	19926221	1.51	39611006	2.99	5410652	0.41	19908698	1.50
2015	20512224	1.48	21424887	1.55	38796597	2.80	6174720	0.45	20479949	1.48
2016	22209165	1.55	22557385	1.58	42949945	3.00	6806213	0.48	20076952	1.40

注：此表比重为该税种占总税收收入的比重。

资料来源：数据由2006~2017年《中国税务年鉴》整理而得。

其他税主要包含了固定资产投资方向调节税、印花税等小税种，占税收总收入的比重在4%以下，大部分年份在1%左右，影响较小，本书不再做专门分析。

3.3　我国税制结构的现状

　　前面从纵向全面介绍了新中国成立以来我国税收制度的改革历程，并详细分析了自 2005 年以来税制结构的主要变化，基本厘清了我国税制结构的演进脉络。为进一步了解我国税制结构，有必要从横向分析我国税制结构的现状，本书以 2016 年为样本展开分析。

　　从表 3 - 1、图 3 - 4 来看，2016 年全国总税收收入约为 14 万亿元，其中，货劳税收入为 8.6 万亿元，占当年税收收入的 60.09%，所占比重最大。其次是所得税，所得税收入为 4.3 万亿元，占税收收入的 30.35%。财产税为 1.1 万亿元，占总税收收入的 8%。其他税共 0.2 万亿元，占 1.6%。与 2015 年比，货劳税比重有所下降，所得税和财产税比重上升，其他税略有下降。

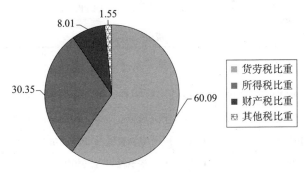

图 3 - 4　2016 年各税类占比

资料来源：数据根据 2017 年《中国税务年鉴》整理而得。

3.3.1 货劳税内部结构

增值税、消费税、营业税、关税等 8 个税种组成的货劳税是我国比重最大的税类，在整个税收收入总额中占有非常重要的地位。从表 3－4 可知，2016 年，货劳税合计收入约为 8.6 万亿元，占总收入的 60.09%。增值税收入约为 5.3 万亿元，占货劳税总收入的 61.68%，是货劳税最重要的收入来源。营业税收入约为 1.15 万亿元，占 13.38%，尽管当年"营改增"已全面铺开，营业税仍排名第二，随着"营改增"的继续全面落实，营业税占比会大幅下降，直至消失。消费税收入约为 1.1 万亿元，占 12.83%，仅次于增值税和营业税，不过消费税很快超越营业税成为货劳税中的第二大税种。城市建设维护税、车辆购置税和关税在货劳税中占比分别为 4.7%、3.1% 和 3%，尽管占比不大，但近年来收入稳定增长。烟叶税和资源税占比在 1% 左右，影响较小，不再做深入分析。从 2016 年货劳税的构成来看，增值税、营业税、消费税占据了总收入的 87% 以上，是货劳税中最主要的三个税种。

表 3－4 　　　　　2016 年我国货劳税收入情况

税种	总额（万元）	比重1（%）	比重2（%）	税种	总额（万元）	比重1（%）	比重2（%）
增值税	530463801	37.07	61.68	关税	26037500	1.82	3.03
营业税	115092551	8.04	13.38	城市维护建设税	40515884	2.83	4.71
消费税	110333481	7.71	12.83	车辆购置税	26741570	1.87	3.11
烟叶税	1305417	0.09	0.15	资源税	9508059	0.66	1.11
合计（万元）				859998263			

注：比重 1 为该税种占总税收收入的比重；比重 2 为占货劳税收入的比重。
资料来源：数据根据 2017 年《中国税务年鉴》整理而得。

3.3.2　所得税内部结构

所得税是我国仅次于货劳税的第二大税类。2016 年所得税总收入约为 4.3 万亿元（见表 3 - 5），占税收总额的 30.35%。其中，企业所得税是最重要的税种，实现收入约 2.9 万亿元，占税收收入的 20.35%，占所得税收入的 67.06%；个人所得税实现收入约 1 万亿元，占税收收入的 7.05%，占所得税收入的 23.24%；土地增值税实现收入约 0.4 万亿元，占税收收入的 2.94%，占所得税收入的 9.70%。企业是我国所得税的主要纳税人，70% 以上的所得税均来自企业，这与西方发达国家所得税以个人缴纳为主有很大的差异。

表 3 - 5　　　　　　　　2016 年我国所得税收入情况

税种	总额（万元）	比重 1（%）	比重 2（%）
企业所得税	291246259	20.35	67.06
个人所得税	100940460	7.05	23.24
土地增值税	42121893	2.94	9.70
合计	434308612	—	—

注：比重 1 为该税种占总税收收入的比重；比重 2 为占货劳税收入的比重。
资料来源：数据根据 2017 年《中国税务年鉴》整理而得。

3.3.3　财产税内部结构

财产税在我国税制结构中虽占比不大，但将发挥越来越重要的作用。2016 年我国财产税收入约 1.15 万亿元（见表 3 - 6），占税收收入的 8%。其中，房产税收入约 0.2 万亿元，占税收收入的 1.55%，占财产税收入的 19.38%；城镇土地使用税收入约 0.23 万亿元，占税收收入的 1.58%，占财产税收入的 19.68%；契税收入约 0.43 万亿元，占税收收入的 3%，占财产税收入的 37.48%，是财产税的第一大税；车船税收入约 680 亿元，占税收收入的

0.48%，占财产税收入的 5.94%；耕地占用税收入约 0.2 万亿元，占税收收入的 1.40%，占财产税收入的 17.52%。

表 3 – 6   2016 年我国财产税收入情况

税种	总额（万元）	比重 1（%）	比重 2（%）
房产税	22209165	1.55	19.38
城镇土地使用税	22557385	1.58	19.68
契税	42949945	3.00	37.48
车船税	6806213	0.48	5.94
耕地占用税	20076952	1.40	17.52
合计	114599660	—	—

注：比重 1 为该税种占总税收收入的比重；比重 2 为占货劳税收入的比重。
资料来源：数据根据 2017 年《中国税务年鉴》整理而得。

3.3.4   直接税、间接税结构

根据前面税制结构的分类，2016 年我国直接税收入为 5.49 万亿元，占总税收收入的比重约为 38.36%；间接税收入为 8.82 万亿元，占总税收收入的 61.64%。与 2015 年相比，直接税比重略有上升，间接税稍有下降，但直接税的总体比重仍远远小于间接税。从直接税内部收入构成来看，所得税占直接税的比重远超财产税。其中，所得税收入为 4.3 万亿元，占直接税的比重约为 80%，财产税收入仅为 1.1 万亿元，只占直接税的约 20%，财产类税比重严重偏低。就间接税而言，占绝对地位的是货劳税，尤其是增值税、消费税和营业税占间接税的比重接近 80%。党的十八大以来，我国党和政府多次强调要利用财税手段更加合理地调节收入分配，适当降低间接税比重，提升直接税比重。在未来的税制改革中，还需要进一步提升直接税在整个税制结构中的地位，而直接税中的财产类税是未来完善的重点。

第4章　税制结构对要素收入分配的影响

要解决收入分配差距分化的问题，不但要关注如何解决居民收入分配失衡问题，还必须从初次收入分配环节探讨要素收入分配的状况，因为要素分配与居民收入分配密切相关。当要素收入分配出现利于劳动而不利资本时，收入分配则有利于中低收入家庭，相反，则有利于高收入家庭。自 1994 年分税改革以来，我国资本收入占比逐步上升，这是导致居民收入分化的最重要原因。[①]税制结构对要素收入会产生一定影响，这是国内外学界的基本共识，但其内在的影响机理是怎么样的，影响程度又如何，却没有达成共识，具体税种对要素收入影响如何，研究结论莫衷一是，甚至完全相反。本章就直面该问题，主要分析税制结构对要素收入分配的影响，并分区域进行回归分析。

4.1　模型构建的理论基础

在国内分析税制结构对要素收入分配影响的相关文献中，郭庆旺和吕冰洋（2011）所做的分析较为深入，在研究中得到了广

---

① 郭庆旺，吕冰洋. 论税收对要素收入分配的影响［J］. 经济研究，2011（6）：16－30.

泛引用,故本书沿用其分析框架探讨税制结构对要素收入分配的影响机制。郭庆旺和吕冰洋设定国家征收四类税,即收入税 TY、消费税 TC、资本所得税 TR、劳动所得税 TW。其中,对生产企业的产出征税称为收入税,对家庭消费行为征税称为消费税,对资本收益征税称为所得税,对劳动所得征税称为劳动所得税。其表达式为:

$$T = \tau_y \theta f(k,l) + \tau_w wl + \tau_r rk + \tau_c c \qquad (4.1)$$

其中,T 为人均税收负担,k 为人均资本,l 为人均劳动时间,r 为资本平均收益率,w 为平均工资比率,$f(k,l)$ 为人均产出,c 为人均消费,θ 为对产出征税的范围,且 $\theta \leq l$。假定经济是由无限寿命且连续同质的家庭组成,而且每个家庭只有 1 人,人口停止增加;用于休闲或劳动的时间只有 1 单位时间。家庭的效用通过消费和休闲来体现,自身财富的多少形成对家庭消费和休闲的限制,其函数表现为:

$$U(c,l) = \ln(c - l) \qquad (4.2)$$

家庭目标表示为:

$$\max \int_0^\infty e^{-pt} \ln(c - l) \, \mathrm{d}t \qquad (4.3)$$

家庭预算约束表达为:

$$k = wl + rk - \tau_w wl - \tau_c c - c \qquad (4.4)$$

因为征收收入税,企业的税后收入变为 $(1 - Ty\theta) f$,企业目标为:

$$\max(1 - \tau_y \theta) f - wl - rk \qquad (4.5)$$

企业的生产函数设置为 $f(k,l) = Ak^\alpha l^{1-\alpha}$,生产函数对于私人要素投入设置了两个条件,即企业的利润为零,而且满足不变规模报酬。根据一阶条件，均衡时的资本平均收益率和工资率为：

$$r = (1 - \tau_y\theta)\alpha A\, k^\alpha\, l^{1-\alpha} \tag{4.6}$$

$$w = (1 - \tau_y\theta)(1 - \alpha)A\, k^\alpha\, l^{1-\alpha} \tag{4.7}$$

再建立现值汉密尔顿系统来求解：

$$H = \ln(c - l) + \lambda\big[(1 - \tau_w)wl + (1 - \tau_r)rk - (1 + \tau_c)c\big] \tag{4.8}$$

求得一阶条件：

$$1/(c - l) - \lambda(1 + \tau_c) = 0 \tag{4.9}$$

$$-1/(c - l) - \lambda(1 + \tau_w) = 0 \tag{4.10}$$

欧拉方程为：

$$\lambda = p\lambda - \lambda(1 - \tau_r)r \tag{4.11}$$

横截性的条件为 $\lim\limits_{t\to\infty} k\lambda\, e^{-pt} \to 0$。

由式（4.9）和式（4.10）可得：

$$C = \frac{1}{(1 + \tau_c)\lambda + l} \tag{4.12}$$

$$w = (1 + \tau_c)/(1 - \tau_w) \tag{4.13}$$

将式（4.12）和式（4.13）代入式（4.4）可得如下资本积累方程：

$$K = r\,(1 - \tau_r)\,k - 1/\lambda \tag{4.14}$$

联立式（4.12）和式（4.14）可得：

$$\frac{1}{k\lambda}\frac{\mathrm{d}(k\lambda)}{\mathrm{d}t} = p - \frac{1}{k\lambda} \tag{4.15}$$

求解式（4.14）可得：

$$K\lambda = 1/p \tag{4.16}$$

联立式（4.7）和式（4.13）可得均衡时的劳动供给：

$$l = \left[\frac{A(1-\alpha)(1-\tau_w)(1-\psi\theta)}{1+\tau_w} \right]^{\frac{1}{\alpha}} k \qquad (4.17)$$

把式（4.17）代入式（4.6）中可得到均衡时的资本平均收益率：

$$r = Aa(1-\tau_y\theta) \left[\frac{A(1-a)(1-\tau_w)(1-\tau_y\theta)}{1+\tau_c} \right]^{\frac{1-\alpha}{\alpha}} \qquad (4.18)$$

对比式（4.13）和式（4.18），发现税收影响到了税前劳动收益率和资本收益率。税前资本收益率降低是因为征收了收入税、劳动所得税和消费税，税前劳动收益率提高是因为征收了消费税和劳动所得税。其原因在于，生产要素的相对投入和税前要素收益率密切相关。根据新古典生产函数的一般假定，税前要素收益率下降（上升）是因为要素边际产出下降（上升）所引发的，而要素边际产出下降（上升）是要素投入增加（减少）引发的。根据式（4.17）可知，税收使得经济中生产要素劳动和资本的投入比例发生了改变，从而影响了劳均资本比（k/l）。因此，劳动资本比提高是因为劳动所得税、消费税的引入导致的，并引发了税前资本收益率下降和劳动收益率上升。税前资本收益率下降是因为收入税的引入，但收入税并未对税前劳动收益率产生影响，原因在于劳均资本上升诱发的劳动收益率上升程度和征收收入税引发的劳动收益率下降程度正好抵消。

从以上可以看出，税收与要素收入分配格局的变动联系紧密，且税收对要素收入分配的影响比较复杂。其中，要素相对投入比例会受到直接税和间接税的影响而变动，从而改变税前要素收益率，我们一般将此称为税收的要素替代效应。直接税对税前要素收益征税改变了税后要素收益率，我们将此称为税收的要素收入效应。从而求得劳动分配份额 S_l 与资本分配份额 S_k 的表达式：

$$S_t = (1 - \tau_w) wl/f(k,l) = (1 - \alpha)(1 - \tau_w)(1 - \tau_y\theta)$$
$$(4.19)$$
$$S_k = (1 - \tau_r) rk/f(k,l) = \alpha(1 - \tau_r)(1 - \tau_y\theta) \quad (4.20)$$

从式（4.19）和式（4.20）可以看出，劳动分配份额下降是因为劳动所得税导致的，资本分配份额下降是由资本所得税导致的，而收入税则会使资本分配份额、劳动分配份额双双下降，降低的幅度与征税范围、要素产出弹性呈现正向关系。为什么消费税不影响资本分配份额和劳动分配份额呢？这是因为消费税只课征在要素所有者取得要素收入后进行消费的环节，消费税仅影响消费行为，并没有对要素收入分配产生影响。

4.2　模型构建、变量选择和数据处理

4.2.1　模型构建

为了更好地分析税制结构对要素收入份额的影响效果和作用机理，本书以郭庆旺和吕冰洋（2011）的研究成果为基础，并以此构建数学模型，利用 2003 ~ 2016 年我国 30 个省份的面板数据，进行理论和实证分析，希望能够充实税制结构对要素收入分配的研究成果，并厘清相关认识，为我国新一轮税制改革和收入分配改革提供理论依据和具有建设性的政策建议，据此，本书构建如下计量模型：

$$\ln RK_{i,t} = \alpha + \beta \ln U_{i,t} + \varphi \ln V_{i,t} + f_i + f_t + \varepsilon_{i,t} \quad (4.21)$$
$$\ln RL_{i,t} = \alpha + \beta \ln U_{i,t} + \varphi \ln V_{i,t} + f_i + f_t + \varepsilon_{i,t} \quad (4.22)$$

其中，$RK_{i,t}$ 表示资本要素收入份额，$RL_{i,t}$ 表示劳动要素收入份额，$U_{i,t}$ 表示控制变量，$V_{i,t}$ 表示解释变量，α 为常数项；f_i 表示个体固定

效应，用以探究区域异质性因素的影响；f_t 表示时间固定效应，用以捕捉共同冲击的影响；下标 i、t 分别表示省份与时间，β 和 φ 表示变量回归系数，$\varepsilon_{i,t}$ 表示误差项。

4.2.2 变量选择

4.2.2.1 被解释变量

根据相关理论基础，本书选取国民经济核算中劳动收入份额和资本收入份额作为被解释变量。关于劳动收入份额，卓勇良（2007）利用人均劳动收入／人均 GDP 进行估算，有的学者则采用收入法 GDP 和资金流量表进行计算。我国在 2004 年对国民生产总值的收入法核算进行了调整，将国有集体农场收入从营业盈余调整为劳动者报酬。白重恩和钱震杰（2009）的研究发现，劳动者报酬和营业盈余数据调整不会影响实证结果，因为前者的调整部分占原数据的比例较小，只有 4.8%，后者调整部分占原数据的比例相对更高，但也只有 7.2%。所以，本书中的劳动要素收入份额用国家统计局收入法 GDP 中的劳动报酬数据衡量，而资本要素收入份额则用营业盈余和固定资产折旧来衡量。此外，郭庆旺和吕冰洋（2011）认为，应该把税收的影响排除，在研究税收对要素收入分配的影响时，即劳动收入份额和资本收入份额中的纳税部分应扣除。计算公式如下：

$$\text{劳动收入份额} = \frac{\text{劳动者报酬} - \text{劳动报酬中个人所得税部分}}{\text{国民生产总值}}$$

$$\text{资本收入份额} = \frac{\text{营业盈余} + \text{固定资产折旧} - \text{企业所得税}}{\text{国民生产总值}}$$

本书按照上述方法进行了相关数据调整，并排除了税收因素对劳动收入份额和资本收入份额的影响。

4.2.2.2　解释变量

根据第 2 章税收的分类方法，本书将我国所有税种归为货劳税、所得税、财产税和其他税四大类[1]，以税收制度中各主要税类或税种占总税收收入的比重作为解释变量（变量设定见表 4 – 1）。首先研究不同税类对要素收入分配的影响，然后再考察税种的要素收入分配效应。因增值税、营业税[2]、消费税、企业所得税和个人所得税占了我国税收收入的 80% 以上，因此，本章主要分析增值税、营业税、消费税、企业所得税和个人所得税五种税对要素收入份额的不同影响。

表 4 – 1　　　　　　　　　　各变量设定

类型	变量名称	变量符号	代理变量
被解释变量	劳动收入份额	RL	劳动报酬占 GDP 的比重
	资本收入份额	RK	资本报酬占 GDP 的比重
解释变量	所得税	IT	所得税/总税收收入
	货劳税	GST	货劳税/总税收收入
	财产税	PT	财产税/总税收收入
	其他税	OT	其他税/总税收收入
	增值税	VAT	增值税/总税收收入
	营业税	BT	营业税/总税收收入
	消费税	CT	消费税/总税收收入
	企业所得税	EIT	企业所得税/总税收收入
	个人所得税	IIT	个人所得税/总税收收入

---

[1]　货劳税包括增值税、消费税、营业税、资源税、关税、城市建设维护税、烟叶税、车辆购置税，所得税包括企业所得税、个人所得税、土地增值税，财产税包括房产税、城镇土地税、车船税、契税、耕地占用税，其他税类则包括印花税、船舶吨税。

[2]　2016 年 5 月 1 日已全面推行"营改增"，但考虑到数据的完整性，仍将营业税纳入分析范围。

类型	变量名称	变量符号	代理变量
控制变量	经济发展水平	*GDP*	GDP 增长率
	宏观税收负担	*TAX*	税收总收入/GDP
	政府支出规模	*GL*	一般公共预算/GDP
	经济结构	*ES*	第二产业产值/GDP
	对外贸易依存度	*FTD*	进出口总额/GDP
	外商直接投资	*FDI*	FDI 总额/GDP
	经济国有化程度	*ESL*	国有企业增加值/GDP

4.2.2.3 控制变量

根据本书的研究目的，借鉴白重恩、钱震杰（2009）等相关研究成果，综合我国社会经济发展现状和财税理论，设定了如下控制变量。

（1）经济发展水平。大量研究成果表明，要素收入分配与经济发展水平存在密切的相互关系。其中，李稻葵等（2009）认为，经济发展水平对要素收入份额有重要影响。经济发展水平的衡量指标有很多，主要有直接性指标 GDP 总额和人均 GDP，也有间接性的 GDP 增长率等指标，本书选择 GDP 的增长率作为控制变量来探究经济发展水平如何对要素收入分配产生影响。

（2）宏观税收负担。一般税收理论认为，劳动报酬、资本报酬及其在国民收入中的份额会受到宏观税收负担的影响。比如，白重恩和钱震杰（2010）的研究表明，税负水平提高将降低劳动收入份额；伍山林（2011）的研究则表明，税负对劳动份额的影响呈现出各种各样的情况。本书选择税收总收入占 GDP 的比重来研究宏观税负对要素收入分配的影响。

（3）政府支出规模。罗长远和张军（2009）、唐东波（2011）指出，政府支出扩张将推动劳动收入份额上升；方文全（2011）则认为，政府支出对劳动份额具有显著的间接且持续的双重挤压作用。可见，政府支出规模对劳动者就业及其报酬占GDP的份额具有重要影响，同样，政府的支出规模也会对资本收益产生较大影响。因此，本书选择政府支出规模作为控制变量，研究其对要素收入分配的影响，以一般预算支出占GDP的比重为代理变量。

（4）经济结构。一国所处的经济发展阶段与该国经济结构有一定的关系，经济结构的不同、发展程度的差异会对各产业资本报酬产生不同影响，所以国民收入中资本收入份额会随着经济结构的变迁而变化，从而对要素收入份额的变化产生影响。肖文和周明海（2010）认为，产业结构是影响要素分配的重要因素；王永进和盛丹（2010）、翁杰（2011）则认为，产业结构或经济结构对要素分配没有影响。本书以第二产业增加值占GDP的比重作为代理变量，以捕捉经济结构对要素收入分配的影响。

（5）市场开放程度。根据国际贸易的一般理论，国际贸易有助于本国充裕要素收入水平的上升，我国作为劳动力资源大国，显然国际贸易提高了中国劳动收入份额。姜磊（2008）、邵敏华和黄玖立（2010）认为，国际贸易对劳动收入份额有显著的正向影响作用；李绅望和冯冰（2012）则认为，国际贸易对出口贸易仅有弱负向作用，而对劳动收入份额有明显的负作用。相比之下，学界普遍认为，外商直接投资对资本收入份额具有正向作用，对劳动收入份额具有负向作用。本书选取对外贸易依存度和外商直接投资作为市场开放程度的测度指标。其中，前者用进出口总额占 GDP 的比重表示，后者用外商直接投资占全社会固定资产投资的比重表示。

（6）经济国有化程度。白重恩等（2008）通过实证研究，认为国有企业改革对劳动力市场产生了影响，改变了要素收入份额，通过进一步研究，他发现所有制类型的改变对资本收入份额和劳动收入份额的影响在不同时期存在差异。翁杰和周礼（2010）、伍山林（2010）认为，劳动收入份额在国有企业改革不断深化中逐步下降。周明海（2010）从微观层面进行研究，发现不同所有制结构的企业其要素收入份额存在一定差异的原因主要来源于企业的异质性，所有制结构变动将改善要素扭曲、提升经济效率而导致资本收入份额上升、劳动收入份额下降。张杰（2012）认为，民营企业资本收入份额高是我国制造业资本收入份额较高、劳动收入份额偏低的重要原因。周克清（2013）认为，我国国有企业中资本密集型企业占了绝大部分，经济国有化程度越高、国有企业越多则资本收入份额越高。本书选择经济国有化程度作为控制变量，以国有及国有控股企业增加值占 GDP 的比重作为其代理变量。

4.2.3　数据来源与处理

本书所使用的数据主要根据《中国财政年鉴》《中国统计年鉴》《中国税务年鉴》《新中国农业税历程》及各省份历年统计年鉴整理而得。考虑到相关数据的可获得性，本书选取 2003～2016 年我国 30 个省份（不包括西藏及港澳台地区）的数据。

我国各省份的税务数据通过对各年度《中国税务年鉴》中"全国税务机关组织收入分地区分税种情况表"进行整理计算而

得。宏观税收负担指标以各地区税收收入占 GDP 的比值表示，根据历年《中国税务年鉴》和《中国统计年鉴》计算而得。GDP 增长率的计算不考虑物价上涨因素，采用名义增长率。政府支出规模、经济结构及外商投资占比指标根据各省份的统计年鉴和《中国统计年鉴》计算汇总而得。

对外贸易依存度中的进出口总额选用各省份统计年鉴中"按境内目的地和货源地分货物进出口总额"口径统计的数据。为了减少统计口径误差、确保数据的一致性，各省份"按境内目的地和货源地分货物进出口总额"都用当年的平均汇率换算成以人民币为单位（亿元）的总额。

将相关数据导入 Stata15.1 统计软件中进行相关描述统计分析，变量相关性质见表 4 - 2。

表 4 - 2　　　　　　　各变量统计描述

类型	变量名称	变量符号	样本量	均值	标准差	最小值	最大值
被解释变量	劳动收入份额	RL	420	0.4825	0.07112	0.3134	0.6721
	资本收入份额	RK	420	0.3812	0.0617	0.1653	0.5328
解释变量	所得税	IT	420	0.2068	0.0616	0.3529	0.3061
	货劳税	GST	420	0.7127	0.0618	0.3588	0.8127
	财产税	PT	420	0.0191	0.0059	0.0073	0.0593
	其他税	OT	420	0.0224	0.0215	0.0043	0.1975
	增值税	VAT	420	0.4387	0.0854	0.1876	0.6385
	营业税	BT	420	0.1733	0.0452	0.0840	0.3648
	消费税	CT	420	0.0876	0.0631	0.0087	0.2978
	企业所得税	EIT	420	0.1446	0.0579	0.0501	0.5124
	个人所得税	IIT	420	0.0596	0.0176	0.0133	0.1312

类型	变量名称	变量符号	样本量	均值	标准差	最小值	最大值
控制变量	经济发展水平	*GDP*	420	0.0831	0.0128	0.0652	0.1023
	宏观税收负担	*TAX*	420	0.1491	0.0817	0.0307	0.5178
	政府支出规模	*GL*	420	0.0192	0.0655	0.0568	0.5237
	经济结构	*ES*	420	0.5323	0.1275	0.3672	0.7889
	对外贸易依存度	*FTD*	420	0.3260	0.2011	0.0320	1.7214
	外商直接投资	*FDI*	420	0.0079	0.0092	0.0007	0.0912
	经济国有化程度	*ESL*	420	0.1700	0.0598	0.0509	0.3600

4.3　相关检验及估计方法

为确保实证分析结果的有效性，本书对选取的我国 30 个省份 14 年的面板数据进行了 Levin-Lin-Chu 单位根检验和 Westerlund ECM 协整检验，单位根和协整检验的结果表明，各变量均为一阶差分平稳，该面板数据变量之间存在协整关系。

根据经验理论，我们很容易得知，资本要素收入份额一般表现为连续动态的过程，上一期的资本要素收入份额分配会对当前期资本要素收入份额产生一定程度的影响。为了更好地研究资本要素收入份额的动态效应，本书将因变量的滞后一阶项引入，作为动态面板模型的解释变量。如果将因变量的滞后项设为解释变量，也许会引发解释变量的内生性问题，本书以标准的随机效应或者固定效应对动态面板数据模型进行估计，这样可能导致估计量的非一致性及扭曲的经济含义。本书使用广义矩阵（GMM）估计方法来解决该问题。

差分广义矩阵估计（GMM-DIF）和系统广义矩阵估计（GMM-SYS）是广义矩阵最主要的两种估计方法。前者可以较好地解决动态面板数据模型估计量的非一致性问题，但在偏误和估计准确性方面仍存在着一些缺陷。后者综合了一阶差分方程组和水平方程，即以合适的滞后水平值作为工具变量的标准一阶差分方程组和以合适的滞后一阶差分变量作为工具变量的水平方程组，显著降低了有限样本的偏误，提高了估计的准确性。因此，本书采用 GMM-SYS 方法对前面模型进行估计；在工具变量的设置上，本书将资本收入份额的滞后项作为差分方程的 GMM 类型工具变量。

在用 GMM-SYS 方法进行估计后，首先进行了 Arellano-Bond 的自相关检验。经过检验，我们发现所有模型均通过了自相关检验；随后进行了工具变量的 SARGAN 过渡识别检验，检验通过。

4.4　税制结构对劳动收入分配影响的实证结果分析

4.4.1　解释变量对劳动收入份额的影响

根据表 4 - 3 所示，我们可以发现，模型 2 中货劳税系数为负，且在 1% 的显著水平下通过检验，说明货劳税降低了劳动收入份额，并在一定程度上扩大了居民收入差距。模型 6 中，增值税的系数为负，且在 1% 水平下通过显著性检验，与理论预期相符合，说明我国现行增值税体系扩大了居民收入差距。营业税的系数为负，但未能通过显著性检验。消费税的系数为负，且在 1% 的水平下通过显著性检验，表明消费税的增加对于劳动收入份额的提高具有负向作用。具体来说，货劳税所占比重每上升 1 个百分点，劳动收入份额下降 0.29 个百分点。增值税所占比重每上升 1 个百分点，劳动收入份额下降 0.138 个百分点。消费税每上升 1 个百分点，劳动收入份额下降 0.048 个百分点。营业税在模型中不显著。

模型 3 中的所得税系数为正，但未能通过显著性检验。模型 7 中企业所得税的系数为正，且在 1% 的水平下通过显著性检验，表明企业所得税的增加能提供高劳动收入份额。个人所得税的系数为负，且在 1% 的水平下通过显著性检验，表明个人所得税比重的上升进一步降低了劳动收入的份额。具体来说，企业所得税每上升 1 个百分点，劳动收入份额将上升 0.072 个百分点。个人所得税每上升 1 个百分点，劳动收入份额将下降 0.068 个百分点。

模型 4 中财产税的系数为正，且在 1% 的水平下通过显著性检验，说明我国财产税比重的上升有利于提高劳动收入份额。模型 5 中其他税的系数为正，且在 1% 的水平下通过显著性检验，表明其他税比重的上升对于提高劳动收入份额是一个利好因素。具体来说，财产税每上升 1 个百分点，劳动收入份额将上升 0.066 个百分点。其他税比重每上升一个百分点，劳动收入份额将上升 0.041 个百分点。

表 4 - 3　　　　税制结构对劳动收入份额影响的回归分析

变量	模型 1	模型 2	模型 3	模型 4	模型 5	模型 6	模型 7
截距项	-0.2207 (-1.47)	-0.1782 (-1.16)	-0.2265 (-1.59)	0.0288 (0.14)	0.3736 * (1.91)	-0.1734 (-0.81)	-0.0934 (-0.67)
$RL(-1)$	0.5874 *** (14.35)	0.6089 *** (17.94)	0.6112 *** (11.75)	0.5241 *** (9.15)	0.4682 *** (11.35)	0.5976 *** (7.26)	0.5421 *** (10.65)
GDP	0.0037 (0.32)	-0.0096 (-1.16)	-0.0049 (-0.34)	-0.0057 (-0.77)	-0.0560 ** (-3.54)	-0.0381 (-0.82)	-0.0239 ** (-2.25)

续表

变量	模型 1	模型 2	模型 3	模型 4	模型 5	模型 6	模型 7
GL	0.0161	0.0311	0.0262	0.0389	0.0949 ***	0.0381	0.0838 ***
	(0.75)	(1.36)	(0.83)	(1.57)	(2.54)	(1.12)	(3.35)
ES	0.1388	0.1059	0.0837	0.0147	−0.0007 **	0.1839 **	0.1694 **
	(1.58)	(1.42)	(0.92)	(0.32)	(−0.02)	(1.85)	(1.69)
TAX	0.0068	−0.0458	0.0036	0.0477 *	0.0160	−0.0218	−0.0838 **
	(0.25)	(−1.35)	(0.19)	(1.75)	(0.58)	(−0.83)	(−2.77)
FTD	−0.0658 **	−0.0442 ***	−0.0652 ***	−0.0801 **	−0.0338 **	−0.0644 ***	−0.0268 **
	(−7.79)	(−4.38)	(−5.71)	(−10.36)	(−2.57)	(−5.60)	(−2.45)
FDI	0.0394 ***	0.0421 ***	0.0317 **	0.0372 ***	0.0157	0.0509 ***	0.0277 **
	(2.32)	(2.91)	(2.23)	(2.68)	(0.90)	(2.65)	(1.85)
ESL	−0.0771 **	−0.0838 ***	−0.0938 ***	−0.0893 ***	−0.0867 ***	−0.0476 *	−0.0906 ***
	(−3.31)	(−3.05)	(−3.99)	(−4.28)	(−3.24)	(−1.92)	(−3.57)
GST		−0.2879 ***					
		(−6.73)					
IT			0.0200				
			(1.23)				
PT				0.0662 ***			
				(3.77)			
OT					0.0409 ***		
					(9.05)		
VAT						−0.1379 ***	
						(−5.01)	
BT						−0.0009	
						(−0.05)	
CT						−0.0480 ***	
						(−3.16)	
EIT							0.0722 ***
							(5.05)

续表

变量	模型 1	模型 2	模型 3	模型 4	模型 5	模型 6	模型 7
IIT							− 0. 0682 *** (− 9. 97)
样本数	420	420	420	420	420	420	420
AR1 - P	0. 0002	0. 0002	0. 0003	0. 0004	0. 0003	0. 0005	0. 0004
AR2 - P	0. 9278	0. 8579	0. 8792	0. 9312	0. 5289	0. 9441	0. 7421
SARGAN	1. 0000	1. 0000	1. 0000	1. 0000	1. 0000	1. 0000	1. 0000

注：＊＊＊表示在 1% 的水平上显著、＊＊表示在 5% 的水平上显著、＊表示在 10% 的水平上显著，括号内的系数为 t 值。

4.4.2　控制变量对劳动收入份额的影响

在模型 1 至模型 7 中，因变量滞后项系数为正值，且在 1% 的水平上显著，表明本书引入工具变量是有效的（见表 4 - 3）。

政府支出规模（GL）的系数仅在模型 5 与模型 7 中通过了显著性检验，系数虽为正数但偏小，表明政府的支出规模上升对提高劳动者收入份额的作用并不明显。

经济国有化程度（ESL）的系数为负，且在所有模型中均显著，说明资本密集行业的发展对劳动要素收入份额的提升具有负向作用，与理论预期基本相符。

对外贸易依存度（FTD）的系数均为负，在所有模型中均通过了显著性检验，表明我国的对外贸易并没有提高劳动收入的份额。

外商直接投资（FDI）系数为正，且除模型 5 外都通过了显著性检验，表明外商直接投资能够提高劳动收入份额。

由此可见，无论是对外贸易依存度还是外商直接投资，对劳动收入份额均有一定影响，但其影响效果却截然相反，我国的劳

动要素并未因进出口贸易的迅速发展提升收入份额，而引进外资
对劳动收入份额的提升有明显作用，这需要我们在以后促进社会
收入分配公平和推动经济发展过程中更加注重吸引外资。

GDP 的增长率、宏观税收负担（TAX）及经济结构（ES）的
系数符号在模型 1 至模型 7 中未能保持一致，且大部分未通过显著
性检验，表明该三项控制变量未能就我国经济发展水平与劳动者
收入份额的相关关系提供显著性统计证据。

4.5　税制结构对资本收入分配影响的实证结果分析

4.5.1　解释变量对资本收入份额的影响

根据表 4 - 4 所示，我们可以发现，模型 2 中货劳税的系数为
正，且在 1% 的水平下通过显著性检验，说明我国现行的货劳税提
升了资本收入份额，扩大了居民收入差距。在货劳税的内部，模
型 6 显示增值税、营业税、消费税的系数为正，且增值税、消费税
均在 1% 水平下通过了显著性检验，说明增值税与消费税都推动了
资本收入份额的上升；消费税助推了资本要素收入份额上升，这
说明我国消费税的设计并未达到抑制超前消费和调节收入分配的
目的，消费税的宏观调控功能需要在今后的税制改革中进一步
完善。

模型 3 中所得税的系数为负，且 5% 水平下通过显著性检验，
说明所得税占比提高降低了资本收入份额。从所得税内部来看，
模型 7 中企业所得税系数为负，个人所得税的系数为正，都在 5%
的水平下通过显著性检验，说明企业所得税会降低资本收入份额，

个人所得税则会提高资本收入份额，而企业所得税对资本收入份额的降低作用更强，故两者综合作用表现为所得税起到了降低资本收入份额的作用。

模型 4 中财产税系数为负，其比重提升将降低资本收入份额，但未能通过显著性检验。通过模型 5 我们可以发现，其他税的系数为负，且在 1% 的水平上通过显著性检验，表明其他税比重增加将有效促进资本收入份额降低，有助于改善收入分配。

表 4 - 4　　　　　税制结构对资本收入份额影响的回归分析

变量	模型 1	模型 2	模型 3	模型 4	模型 5	模型 6	模型 7
C	- 0. 1027 (- 0. 65)	- 0. 2386 (- 1. 37)	- 0. 0089 (- 0. 09)	- 0. 1179 (- 0. 43)	- 1. 0762 ** (- 4. 01)	- 0. 1633 (- 0. 51)	- 0. 5667 ** (- 2. 71)
$RK(-1)$	0. 6261 *** (11. 07)	0. 5952 *** (11. 50)	0. 6547 *** (12. 38)	0. 6119 *** (11. 58)	0. 5162 *** (10. 28)	0. 5562 *** (9. 11)	0. 5780 *** (11. 19)
GDP	0. 0301 ** (1. 92)	0. 0076 (0. 36)	0. 0403 *** (2. 54)	0. 0341 ** (2. 27)	0. 0107 (0. 55)	0. 0159 (0. 82)	0. 0053 * (0. 35)
GL	- 0. 0055 (0. 15)	- 0. 0331 (- 0. 66)	0. 0296 (0. 79)	0. 0016 (0. 04)	- 0. 0304 (- 0. 62)	- 0. 0553 (- 1. 17)	- 0. 0622 (- 1. 35)
ES	- 0. 1389 (- 1. 34)	- 0. 0710 (- 0. 70)	- 0. 1377 (- 1. 32)	- 0. 1470 * (- 1. 79)	- 0. 2517 ** (- 2. 82)	- 0. 0943 (- 0. 95)	- 0. 1694 ** (- 5. 19)
TAX	0. 0118 * (0. 55)	- 0. 0989 *** (2. 35)	0. 0136 ** (0. 79)	0. 0077 * (0. 39)	0. 0090 (0. 48)	0. 0732 ** (2. 13)	0. 1260 ** (3. 77)
FTD	0. 0814 ** (6. 79)	0. 0667 *** (5. 63)	0. 0816 *** (6. 79)	0. 0819 *** (7. 12)	0. 0342 *** (2. 67)	0. 0806 *** (6. 60)	0. 0352 *** (2. 41)
FDI	- 0. 0511 *** (- 2. 94)	- 0. 0732 *** (- 3. 95)	- 0. 0597 *** (- 3. 93)	- 0. 0466 *** (- 2. 88)	- 0. 0337 * (- 1. 80)	- 0. 0509 *** (- 3. 28)	- 0. 0567 ** (- 3. 25)
ESL	0. 1055 ** (3. 21)	0. 0658 * (1. 95)	0. 1029 *** (3. 09)	0. 0926 *** (2. 28)	0. 0643 ** (2. 24)	0. 0491 (1. 32)	0. 0868 *** (2. 57)
GST		0. 5059 *** (6. 83)					

变量	模型 1	模型 2	模型 3	模型 4	模型 5	模型 6	模型 7
IT			−0.0308 ** (−2.23)				
PT				−0.0109 (−0.55)			
OT					−0.0586 *** (−8.67)		
VAT						0.2894 *** (9.01)	
BT						0.0360 (1.49)	
CT						0.0755 *** (5.28)	
EIT							−0.1176 ** (−9.05)
IIT							0.1122 ** (8.77)
样本数	420	420	420	420	420	420	420
AR1−P	0.0007	0.0006	0.0006	0.0008	0.0007	0.0011	0.0004
AR2−P	0.6537	0.6312	0.6732	0.6671	0.8846	0.5441	0.6421
SARGAN	1.0000	1.0000	1.0000	1.0000	1.0000	1.0000	1.0000

注：***表示在 1% 的水平上显著、**表示在 5% 的水平上显著、*表示在 10% 的水平上显著，括号内的系数为 t 值。

4.5.2　控制变量对资本收入份额的影响

在模型 1 至模型 7 中，因变量滞后系数全部为正，且在 1% 的水平上显著，这很好地说明了本书将其引入工具变量是有效的（见表 4-4）。

经济发展水平（GDP）的系数均为正，除模型 5 和模型 6 外，其他模型均通过了显著性检验，说明经济快速增长提高了资本收入份额。进入 21 世纪后，我国工业化快速推进，尤其是基础设施建设的大规模上马带动了钢铁、能源等重工业的高速发展。与此同时，我国高新技术企业在过去十余年发展迅速，企业产值不断增加，资本集中度不断增强，助推了资本收入份额的提升。

国有化程度（ESL）的系数为正，且除模型 6 外均通过了显著性检验，说明国有经济比例越高，资本向国有经济倾斜越严重，资本收入份额越高。这可能是因为国有经济所占比重越大，说明资本密度越高，其在经济中的垄断力量越强，或者工业集中化程度越高，从而有利于资本要素收入分配。

宏观税收负担（TAX）在 7 个模型中系数均为正，除模型 5 外都通过了显著性检验，表明宏观税负的提高会在一定程度上提高资本收入份额。这主要是因为我国现行的税制结构以间接税为主，且 90% 以上的税收由企业缴纳，企业通过提高产品价格的形式将税负转嫁给消费者，家庭（个人）承担了主要税负，有助于资本收入份额的提升。

对外贸易依赖程度（FTD）的系数为正且通过显著性检验，表明对外开放程度的加强会有利于资本分配份额的提高。外商直接投资（FDI）的系数为负，在所有模型中均通过了显著性检验，表明外商投资比重增加会降低资本要素在收入分配中的份额。这可能是由于外商直接投资在中国境内设厂，多为转移及加工包装等低增加值的业务，相对资本回报率不高。

政府支出（GL）、GDP 增长率及经济结构（ES）在多数模型中没有通过显著性检验，说明其对资本收入份额没有显著性影响。

4.6　税制结构对区域要素收入分配的影响

我国幅员辽阔，地区间的税制结构和要素收入分配情况均有不同表现，若采用全国数据考察税制结构对要素收入分配的影响，可能会出现研究范围选择方面的偏差，因此本书将全国划分为三个区域①，即东部地区（11 省份）、中部地区（8 省份）、西部地区（11 省份，不含西藏），实证分析了各税种在不同区域对要素收入分配的影响，旨在通过考察更小范围的区域内税制结构对要素收入分配的影响，以保证研究结论的准确性，具体见表 4 - 5。

表 4 - 5　　　　　各税种对不同区域要素收入份额的影响

变量	劳动收入份额				资本收入份额			
	全国	东部	中部	西部	全国	东部	中部	西部
GST	-0.2879 ** (-6.73)	-0.0279 ** (-2.4628)	-0.3156 ** (-3.7646)	-0.2098 ** (-1.2372)	0.5059 ** (6.8300)	0.6145 * (-1.2986)	0.5104 ** (2.3897)	0.4190 ** (3.0897)
IT	0.0200 (1.2300)	0.3965 (1.3012)	-0.0241 * (-1.0038)	0.0312 * (1.3671)	-0.0308 ** (-2.2300)	-0.0328 (-1.5623)	-0.0292 ** (-1.0028)	-0.0433 * (-1.1006)
PT	0.0662 ** (3.7700)	0.0772 ** (2.2243)	0.0186 * (2.7942)	0.0407 * (1.2113)	-0.0109 * (-0.5500)	-0.0206 * (-1.2779)	-0.0091 * (-0.3280)	-0.0105 (-1.0985)
OT	0.0409 *** (9.0500)	0.0333 * (1.2833)	0.0210 * (3.0041)	0.0423 ** (1.6739)	-0.0586 *** (-8.6700)	0.1498 (1.2758)	-0.0513 * (-4.3396)	-0.0683 * (-1.5721)
VAT	-0.1379 *** (-5.0100)	-0.1709 ** (-1.8641)	-0.0823 ** (-1.5976)	0.0373 (1.0086)	0.2894 *** (9.0100)	0.3382 ** (4.4153)	0.1289 * (3.6890)	0.1007 * (2.0089)

---

①　东部地区：北京、天津、河北、辽宁、上海、江苏、浙江、广东、福建、海南、山东；中部地区：山西、吉林、黑龙江、安徽、江西、河南、湖南、湖北；西部地区：重庆、四川、贵州、广西、云南、陕西、青海、甘肃、内蒙古、宁夏、新疆。

续表

变量	劳动收入份额				资本收入份额			
	全国	东部	中部	西部	全国	东部	中部	西部
BT	−0.0009 (−0.0500)	−0.0113 * (−1.3616)	0.0513 (2.1131)	0.0120 (1.0073)	0.0360 (1.4900)	0.2456 * (4.5984)	−0.1810 (−4.0723)	−0.0910 (−3.6954)
CT	−0.0480 *** (−3.1600)	−0.0423 ** (−1.7752)	−0.0623 *** (−3.3276)	−0.0501 * (−4.6116)	0.0755 *** (5.2800)	0.0986 * (1.8584)	0.0708 (1.6876)	0.0564 ** (1.3999)
EIT	0.0722 *** (1.2986)	0.0133 * (3.1226)	0.0703 (4.2986)	0.1003 *** (2.4356)	−0.1176 ** (−9.0500)	−0.0103 * (−4.3428)	−0.0090 (−3.6976)	−0.0805 * (−4.8000)
IIT	−0.0682 *** (−9.9700)	−0.0243 *** (−3.3487)	−0.0433 ** (−3.4976)	0.0663 (4.5486)	0.1122 * (8.7700)	0.0075 * (0.5673)	0.0024 (0.3152)	−0.0381 (−0.6977)

注：＊＊＊表示在1％的水平上显著、＊＊表示在5％的水平上显著、＊表示在10％的水平上显著，括号内的系数为 t 值。

4.6.1 货劳税的影响

货劳税对劳动收入份额的影响为负，对资本收入份额的影响为正，且都通过了显著性检验，在东部、中部、西部地区大体上与全国的结论保持一致，从侧面验证了全国回归结果的稳健性，说明货劳税对劳动收入份额具有逆向调节作用，而对资本收入份额起到了正向调节的作用。

增值税对劳动收入份额的影响，全国层面上是负向的，东部和中部地区与之保持一致，西部地区影响为正，但未通过显著性检验。增值税对资本收入份额的影响，全国层面上是正向的，且东部、中部、西部三个地区的影响均为正向的，且全部通过显著性检验，与全国保持高度一致性。这说明增值税不利于劳动收入份额的提升，有助于提升资本收入份额表现出了较强的逆调节作用，拉大了各区域的收入分配差距。

营业税对劳动收入份额的影响，在全国层面上是负向的，对东部地区的影响保持与全国的一致，而在中部、西部地区呈正向关系，出现了较大的反差，但仅在东部地区通过了检验。营业税对资本收入份额的影响，在全国层面是正向的，仅东部地区与之保持一致，对中部和西部两个地区的影响呈负向关系，但未通过显著性检验。这说明营业税尽管在总体上是有利于资本收入份额而不利于劳动收入份额，但其影响的显著性明显下降，尤其在中部和西部地区，营业税表现出改善收入分配的迹象。

消费税对劳动收入份额的影响，在全国层面上是负向的，且通过了检验，东部、中部和西部地区的影响与全国一致，且都通过了显著性检验。消费税对资本收入份额的影响，在全国层面上是正向的，东部、中部、西部三个地区的影响方向与全国保持高度一致，但在中部地区没有通过显著性检验。这说明消费税整体提升了资本收入份额，降低了劳动收入份额，不利于改善收入分配状况。

4.6.2　所得税的影响

所得税对劳动收入份额的影响，全国层面上是正向的，但未通过显著性检验，东部和西部地区与之保持一致，其中，东部地区未能通过显著性检验，中部地区所得税对劳动收入份额影响为负，且通过了显著性检验。所得税对资本收入份额的影响，全国层面上为负，东部、中部、西部地区的影响方向和全国一致，但东部地区未能通过检验。可见，所得税对资本收入份额的提升有较强的抑制作用，但在提升劳动收入份额方面效果有待改进。

企业所得税对劳动收入份额的影响，全国层面上是正向的，且通过了显著性检验，东部、中部和西部地区与全国保持一致，但仅中部地区未能通过检验。企业所得税对资本收入份额的影响，全国层面上是负向的，东部、中部和西部三个地区的影响与全国保持一致，且都通过了显著性检验，说明企业所得税会显著降低资本收入份额。

个人所得税对劳动收入份额的影响，在全国层面上是负向的，东部和中部地区保持与全国一致，且通过显著性检验，在西部地区的影响方向与全国相反，但未通过统计检验。个人所得税对资本收入份额的影响，在全国层面上是正向的，东部和中部地区的影响与全国一致，西部地区影响呈负向关系，但未通过显著性检验。这说明个人所得税整体降低了劳动收入份额，提升了资本收入份额，要发挥我国个人所得税的收入分配作用，必须改变个人所得税的征税方式。2019 年新修订的《个人所得税法》是否能改善个人所得税的收入分配效果，还待后续观察。

4.6.3　财产税的影响

财产税的实证分析未表现明显的区域差异。财产税对劳动收入份额的影响，东部和西部地区与全国结论保持一致，起到了提高劳动收入份额的作用，中部地区与全国的结论相反但未能通过统计检验。财产税对资本收入份额的影响，均为负向影响，仅西部地区未通过显著性检验。这表明我国财产税有较强提升劳动收入份额、降低资本收入份额的作用，有助于改善收入分配现状。

4.7　实证小结

（1）货劳税提升了资本收入份额，降低了劳动收入份额。通

106

过实证分析，我们可以发现，货劳税每提升 1 个百分点，资本收入份额将提高 0.5059 个百分点，劳动收入份额下降 0.29 个百分点。其中，增值税每上升 1 个百分点，资本收入份额将提高 0.2894 个百分点，劳动收入份额下降 0.138 个点。消费税每提高 1 个百分点，资本收入份额将提高 0.0755 个百分点，劳动收入份额下降 0.048 个百分点。营业税每提高 1 个百分点，资本收入份额将上升 0.036 个百分点，对劳动收入份额影响不显著。增值税对劳动收入抑制作用十分明显，因此，要缩小收入差距、改善收入分配状况，必须降低货劳税占税收收入的比重，特别需要关注增值税比重提升所带来的收入逆调节作用，继续简并降低增值税税率。同时，完善抵扣链条，避免重复征税及加剧对收入分配的逆调节作用。加大消费税改革，扩大消费税的征收范围，优化税率，适当提高超前消费和资源耗费型消费行为的税率，加强对非生活必需品消费行为的征税力度，降低其对资本收入份额提升带来的负面影响。

（2）所得税降低了资本收入份额，且通过了显著性检验，对劳动收入份额影响不显著。所得税每上升 1 个百分点，资本收入份额将下降 0.0308 个百分点，对劳动收入份额总体呈正向关系，但未通过显著性检验。其中，企业所得税每上升 1 个百分点，资本收入份额将下降 0.1176 个百分点，劳动收入份额将上升 0.0722 个百分点。个人所得税每上升 1 个百分点，资本收入份额将上升 0.1122 个百分点，劳动收入下降 0.0682 个百分点，影响均较为显著。因此，应尽快完善分类与综合相结合的个人所得税制度，加强对资本性收入课税，适当降低对劳动所得课税的税率，减少税率等级，逐步加强个人所得税的收入分配调节功能，同时，加快社会保障费改税的步伐。企业所得税制度改革则可配合个人所得税及货劳税制度改革，应继续发挥其抑制资本收入份额提升的作用。

（3）财产税和其他类税均有利于提升劳动收入份额，且效果明显，而对资本收入份额有抑制作用，但未通过显著性检验。就目前我国的税制改革的现状而言，应适时推出房地产税，不断加大对社会存量财富的征税力度，提高财产税在国家税收收入中的占比，提升其在整个税收制度中的影响力，避免税收收入向货劳税和所得税的过度集中。

总体而言，货劳税提升了资本收入份额，降低了劳动收入占比，尤其是增值税显著体现了此效果，不利于改善收入分配状况。企业所得税有助于改善收入分配，而个人所得税并未有效缩小收入差距，反而起到了逆调节作用。财产税和其他税类不同程度地抑制了资本收入份额上升，提高了劳动收入占比，可改善收入分配。同时，通过对税种在不同区域的要素收入分配效用的实证分析，发现税种要素收入分配效应存在区域差异性，要充分发挥税收的收入分配调节功能，必须注意税收在不同区域的适用性及调节效果的差异性。

第5章　税制结构对居民收入分配的影响

　　一般的税收理论告诉我们，货物和劳务税对居民收入分配呈逆向调节关系。从理论上讲，我国实行的以货物和劳务税为主体的税制结构决定了税收在整体上具有累退性，影响了居民收入的合理分配，拉大了居民收入差距。在税收实践中，我国税制结构是否真有较强的累退性？累退程度有多大？不同税类、税种对居民收入分配的影响几何？这些都是考察我国税制结构居民收入分配效应的重要信息，也是构建科学合理税制结构的基础。本章从我国税制结构的整体视角出发，利用实证模型，探究我国不同税类、税种对居民收入分配的影响，并进一步分析了税制结构在不同区域对居民收入分配影响的差异性，以期为税制结构的优化提供更为有用的借鉴。

5.1　税制结构对居民收入分配的总体效应分析

　　精确测度我国税制结构总体的收入分配效应将为我国税制结构改革提供科学的依据。根据前面对我国税收的分类，探究每一类税对我国居民收入分配的影响自然成为税制结构收入分配效应研究的必然内容。本节在现有研究成果的基础上，从税收规模即总税收收入的角度出发，建立计量模型，实证分析我国税制结构调节居民收入分配的总体效应，以期为我国税制结构改革提供实证支撑。

5.1.1 模型设计

根据前面税制结构与收入分配的基础理论分析，构造回归模型如下：

$$\ln Gn_t = \alpha + \varphi \ln V_t + \beta \ln U_t + \varepsilon_t \tag{5.1}$$

其中，Gn 为基尼系数，表示居民收入分配差距；α 为截距项，V 表示解释变量，即税制结构因素，U 为控制变量，t 为时间，φ 和 β 表示变量系数，ε 为误差项。

5.1.2 变量设定

5.1.2.1 被解释变量

在收入分配领域用来衡量居民收入差距的指标有很多，使用较广泛的主要有库兹涅茨指数、泰尔指数、基尼系数等。其中，基尼系数是用来判断收入分配差距程度而广泛使用的指标，由经济学家基尼根据洛伦兹曲线提出来的，一般认为基尼系数超过0.4则表示居民收入差距较大，存在不稳定风险，需要引起重视。本书使用基尼系数作为被解释变量。

5.1.2.2 解释变量

根据前面的分类方法，为保持分析的一致性，本章仍将我国所有税种归为货劳税、所得税、财产税和其他税四大类，首先研究不同税类对居民收入分配的影响，然后再考察具体每个税种对居民收入分配的影响。在考察主要税种对居民收入分配的影响时，沿用第 4 章做法，以增值税、营业税、消费税、企业所得税和个人所得税作为主要分析对象。主要税类和税种对居民收入分配的影响以其税收收入占总税收收入的比重为代理变量，具体见表 5 - 1。

表 5 - 1　　　　　　　　各变量设定

类型	变量名称	变量符号	代理变量
被解释变量	基尼系数	Gn	
控制变量	经济发展水平	GDP	GDP 增长率
	社会民生支出	SWE	社会民生支出/GDP
	宏观税负	TBR	总税收收入/GDP
解释变量	所得税	IT	所得税/总税收收入
	货劳税	GST	货劳税/总税收收入
	财产税	PT	财产税/总税收收入
	其他税	OT	其他税/总税收收入
	增值税	VAT	增值税/总税收收入
	营业税	BT	营业税/总税收收入
	消费税	CT	消费税/总税收收入
	企业所得税	EIT	企业所得税/总税收收入
	个人所得税	IIT	个人所得税/总税收收入

5.1.2.3　控制变量

为便于对比和防止变量遗漏产生估计偏误，本书引入了一些控制变量，但如果控制变量引入过多又可能会导致估计自由度的损失。因此，根据税收相关理论，结合当前实际情况，在众多影响居民收入分配的变量中选取经济发展水平、社会民生支出水平和宏观税收负担作为控制变量，具体见表 5 - 1。

经济发展水平。学术界大量研究结果表明，经济发展水平与收入分配差距具有密切的关系。库兹涅茨（Kuznets，1995）通过对 18 个国家收入分配与经济发展的实证研究，认为收入分配的长期变动轨迹是"先恶化，再改善"，提出了关于收入分配和经济发展的倒 U 型曲线假说：经济发展的初期阶段收入分配会逐渐恶化，随着经济发展到一定水平，收入分配将逐渐改善。莫里斯（Morris，1973）、波克特（Pauket，1973）等支持"倒 U 假说"，国内也有许多学者认为"倒 U 假说"有一定的道理。例如，王小鲁、樊纲（2005）认为，收入分配并不是无条件随着经济发展先上升后下降，如果用时间序列数据进行研究，大多数是拒绝"倒 U 假说"的，但是用面板数据，则支持该假说。虽然没有一致意见，大部分学者认可经济发展与收入分配存在一定关系。因此，本书选择经济发展水平作为控制变量之一，以 GDP 的增长率作为经济发展水平的代理变量。

社会民生支出。按照学术界和政府部门的一般认识，社会民生支出（包括教育、医疗和社会保障等）对于实现起点公平、提升普通民众的未来收入水平具有十分重要的作用。近年来，我国不断增加社会民生支出就是基于以上认识。魏蔚和贾亚男（2014）认为，教育支出非常有利于改善社会的人力资源水平，提升全社会劳动者的就业能力，有助于缩小社会收入差距。冉光和潘辉（2009）认为，政府的公共支出拉大了居民收入差距，公共支出的收入分配职能有待改善。孔甜（2015）认为，公共教育、医疗卫生等社会民生支出能有效改善社会收入分配差距，但在不同区域的表现不尽相同，有的会缩小收入差距，有的则恶化了收入分配。总之，社会民生支出会影响居民收入分配，因此，本书选择社会民生支出水平作为控制变量，以社会民生支出占 GDP 的比重表示。

宏观税收负担。通常来讲，一国的收入分配会受到税收制度的影响，而税收制度影响居民收入分配主要通过宏观税收负担、税制结构和税收制度的累进性实现，故本书选取宏观税收负担作为控制变量，以税收占 GDP 的比重表示。

5.1.3　数据处理

2003~2016 年的全国基尼系数及居民收入分组数据可从国家统计局公布的数据直接获取，但各省（区市）的基尼系数则不完整。田卫明对 1997~2010 年的全国各省（区市）的基尼系做了较为精确的估计，本书中 2003~2010 年的数据使用田卫民的数据①，而 2011~2016年的数据则在整理《中国统计年鉴》和各省份统计年鉴数据的基础上用胡祖光在 2004 年提出的简单估算法计算而得②，计算公式为 $G = P_5 - P_1$，即在居民收入五分法中，基尼系数等于20%最高收入组收入占比与 20% 最低收入组收入占比之差。经济发展水平以 GDP 增长率为代理变量，采用名义增长率，不考虑通胀因素。社会民生支出中的社保支出是指纳入政府财政预算的社会保障支出。本书所采用的数据为全国 30 个省份（不包含西藏及港、澳、台地区）2003~2016 年的面板数据，数据来源于 2004~2017 年《中国统计年鉴》《中国税务年鉴》《中国财政年鉴》《中国区域经济统计年鉴》及各省份统计年鉴，部分省（区市）的数据缺失，我们用插值法进行了测算补缺，各变量的统计性描述见表 5 - 2。

---

① 田卫民. 省域居民收入基尼系数测算及其变动趋势分析［J］. 经济科学，2012，（12）：48 - 59.

② 胡祖光. 基尼系数与收入分布研究［M］. 杭州：浙江工商大学出版社，2010：18 - 56.

表 5 - 2　　　　　　　　　　各变量统计描述

类型	变量名称	变量符号	样本量	均值	标准差	最小值	最大值
被解释变量	基尼系数	GN	420	0.4771	0.0601	0.4620	0.4910
解释变量	所得税	IT	420	0.2068	0.0616	0.3529	0.3061
	货劳税	GST	420	0.7127	0.0618	0.3588	0.8127
	财产税	PT	420	0.0191	0.0059	0.0073	0.0593
	其他税	OT	420	0.0224	0.0215	0.0043	0.1975
	增值税	VAT	420	0.4387	0.0854	0.1876	0.6385
	营业税	BT	420	0.1733	0.0452	0.0840	0.3648
	消费税	CT	420	0.0876	0.0631	0.0087	0.2978
	企业所得税	EIT	420	0.1446	0.0579	0.0501	0.5124
	个人所得税	IIT	420	0.0596	0.0176	0.0133	0.1312
控制变量	经济发展水平	GDP	420	0.0831	0.0128	0.0652	0.1023
	社会民生支出	GL	420	0.1330	0.0328	0.0832	0.1673
	宏观税收负担	TBR	420	0.1491	0.0817	0.0307	0.5178

5.1.4　实证结果与分析

5.1.4.1　解释变量影响结果分析

本书在考察税制结构整体对居民收入分配影响时，借鉴了刘海庆、高凌江（2011）的分析方法，在估计变量参数时，一次会忽略一种或者几种解释变量，从而估计剩余的变量对收入分配的影响。这种方法假定那些被忽略的变量在残差中体现，或者说与模型没有什么相关关系。假定税收总量保持恒定，一种税占比上升或下降，即表明另一种税或者几种税的占比下降或上升相应幅度。这种方法对估计单位税种改变基尼系数影响力相对简单，方便实用。

(1) 我国货劳税整体对居民收入差距具有逆向调节作用，不利于改善收入分配。货劳税对基尼系数的影响系数为 0.1059，且在 5% 的水平上通过显著性检验，货劳税占比每上升 1%，基尼系数将上升约 0.1 个百分点，表明我国货劳税对居民收入分配具有负面影响，存在较强的累退性。其中，增值税的影响系数为 0.1486，且在 1% 的水平上通过显著性检验，增值税占比每上升 1 个百分点，基尼系数将上升 0.15 个百分点，表现出较强的累退性。营业税和消费税的影响系数分别为 - 0.1589 和 - 0.0309，而且各自在 1% 和 10% 水平上通过显著性检验，表明营业税和消费税占比上升将有效降低基尼系数，改善居民收入分配。

(2) 所得税整体对居民收入分配也表现出负面影响，未能有效改善居民收入分配状况。所得税影响系数为 0.0836，且在 1% 的水平上通过显著性检验，表明所得税每上升 1%，基尼系数将上升 0.08 个百分点，加大了居民收入分配差距，这与所得税可缩小收入差距的理论分析不符，但却与国内一些学者的实证分析基本吻合，即我国所得税的收入分配功能不强，有待进一步增强。其中，企业所得税和个人所得税对基尼系数的影响系数分别为 0.1161 和 0.0031，企业所得税在 10% 的水平上通过了显著性检验，而个人所得税没有通过显著性检验，表明企业所得税占比上升将扩大居民收入差距。

(3) 财产税和其他税类均有利于居民收入分配，缩小了居民收入差距。财产税和其他类税对基尼系数的影响系数为 - 0.1078 和 - 0.0128，但均没有通过显著性检验，在此不再赘述。

5.1.4.2 控制变量影响结果分析

通过表 5 - 3 可知，控制变量经济发展水平、民生支出和宏观税负对基尼系数的影响，调整后的 R^2 值为 0.9416，F 值为 82.9167，这反映该模型具有很强的解释力。

表 5 - 3   税制结构整体回归结果

变量	模型 1	模型 2	模型 3	模型 4	模型 5	模型 6	模型 7
C	6.0721 *** (13.43)	5.4976 *** (11.18)	5.2265 *** (13.74)	4.4368 *** (7.65)	5.3736 *** (10.45)	3.3691 *** (9.65)	5.5987 *** (12.62)
GDP	−0.2009 *** (−4.45)	−0.1842 ** (−4.06)	−0.2198 ** (−5.76)	−0.1978 ** (−2.05)	−0.2346 ** (−3.38)	−0.2075 (−0.24)	−0.2621 *** (−5.65)
GL	0.1537 *** (4.42)	0.1796 ** (4.29)	0.1349 ** (5.36)	0.3157 *** (8.41)	0.2460 *** (10.60)	0.1981 ** (7.44)	0.1439 *** (4.50)
TBR	0.1361 * (2.75)						
GST		0.1059 ** (2.42)					
IT			0.0836 *** (3.66)				
PT				−0.1078 (−1.52)			
OT					−0.0128 (−1.29)		
VAT						0.1486 *** (4.39)	
BT						−0.1589 *** (−4.65)	
CT						−0.0309 * (−1.65)	
EIT							0.1161 * (5.01)
IIT							0.0031 (0.29)
Adjust R^2	0.9416	0.9517	0.9386	0.9274	9317	0.9756	0.9492
F-statistic	82.9167	80.6854	105.2341	77.9312	79.5289	97.9521	88.7836

注：＊＊＊表示在 1% 的水平上显著、＊＊表示在 5% 的水平上显著、＊表示在 10% 的水平上显著。本表的 t 值采用 HAC 稳健标准误检验。

模型 1 中，宏观税收负担的影响系数为正值，且在 10% 的水平上通过了显著性检验，这反映了现行税制结构使得税收制度对居民收入分配产生了负面影响，即税收制度累退性明显，恶化了收入分配，拉大了居民收入差距。

模型 1 至模型 7 的数据显示，GDP 增长率的影响系数均为负数，除了模型 6 没有通过显著性检验，其他六个模型都通过了显著性检验，这表明基尼系数会随着经济的发展而逐步降低，改善居民收入分配，部分验证了库兹涅次曲线的解释力，即经济发展水平越高，收入分配逐渐改善的观点。我们进一步利用 GDP 增长率的平方项进行回归模型分析，并没有得到相同的结果，所以不能证明倒 U 曲线存在。

5.2　税制结构对区域居民收入分配影响的实证分析

前面探讨了我国税制结构整体对居民收入分配的影响，分析了我国税类和税种对居民收入分配的不同影响。我国幅员辽阔，区域间经济发展、居民收入分配差异的非均衡性相当明显，仅从税制结构整体分析税制对居民收入分配的影响，很难为制定适合地区发展的税收政策提供精准的政策依据。所以，本书在整体探讨税制结构的基础上，继续利用非参数可加模型分区域探讨税制结构的收入分配效果。

5.2.1　非参数可加模型构建的理论基础

在税收的收入分配效应研究领域，大多采用线性回归模型，但在现实中，税收对居民收入分配和经济发展等各方面的影响几乎都是非线性的，且这种非线性关系普遍存在于变量之间。本书通过非线性关系的非参数可加模型的设计与构建，对我国税制结构与居民收入分配之间的关系进行拟合，进行数据整理和深度数量分析，探究两者之间复杂的内在联系和作用关系。

非参数可加模型在国外的许多研究领域得到了广泛使用，主要应用于政治学领域（Beck & Jackman，1998）、经济领域（Linton & Hardle，1996）以及环境领域（Schwartz，1994）的实证研究。但在国内，目前应用非参数可加模型的研究甚少，巴曙松、朱元倩（2007）利用非参数可加模型实证研究了我国外汇储备的影响因素；潘越、杜晓敏（2010）对工业化进程、劳动力流动和区域经济增长进行了非参数可加模型的分析。

斯通（Stone，1985）最早提出并应用了非参数可加模型，模型中设定因变量 Y_i（$i = 1$，2，$\cdots$，n），通过因变量作用在 p 个自变量 X_{i1} X_{i2}，$\cdots$，X_{iP} 的任意函数 f_j（$j = 1$，2，$\cdots$，p）加总构成的，其数学公式为：

$$Y_i = \sum_{j=1}^{p} f_j(x_{ij}) + \varepsilon_i，\text{且 } \varepsilon_i \sim iid(0,\sigma) \qquad (5.2)$$

这里，$f(x_i)$ 为一元非参数函数，同时满足 E（f_j）$=0$（$j=1$，2，$\cdots$，p）且光滑。故可加模型也可表述为：

$$E（Y_i \mid X_{i1} X_{i2}，\cdots，X_{iP}）= \sum_{j=1}^{p} f_j(x_{ij}) \qquad (5.3)$$

为了给税制结构对居民收入分配作用和影响提供较为直观的解释，同时，为了与常用的线性参数回归模型得出的研究结论进行比较和衔接，本书尝试在式（5.3）的基础上再加上线性部分函数，变成如下形式：

$$E\left(Y_i \mid X_{i1} X_{i2}, \cdots, X_{iP}\right) = \alpha + \sum_{j=1}^{p} \beta_j x_{ij} + \sum_{j=1}^{p} f_j(x_{ij})$$

$$(5.4)$$

式（5.4）中，α 和 β_j 仍然为线性回归参数，剩下部分与式（5.3）相同。

国外的研究中，非参数可加模型在资源、生态、医学和心理学等研究领域得到了广泛应用。当前，国内一些学者也开始应用可加模型估计方法进行研究。该模型的研究方法主要有三种：一是向后拟合算法（Buja, Hastie & Tibshirani, 1989）；二是边际可积方法（Linton & Nielsen, 1995）；三是局部拟差分方法（Hoderlein & Christopeit, 2003）。本书选择向后拟合算法作为基本的估计和计算方法，因为其具有计算简便和迭代方法巧的优势，也是当前国内外学者运用较多的主流方法。该方法原理介绍如下。

如果将式（5.4）的线性部分看成是一个特殊的非参数函数，即 $g(x_i) = \alpha + \sum_{j=1}^{p} \beta_j x_{ij}$，则本书需要研究的估计问题转变为对 $E\left(Y_i \mid X_{i1} X_{i2}, \cdots, X_{iP}\right) = g(x_i) + \sum_{j=1}^{p} f_j(x_{ij})$ 中的函数 $g(\cdot)$ 和各个 $f_j(\cdot)$ 的估计。在预估当中一个 f_k 时，假设除 k 以外的其他 $(p-1)$ 个 $f_j(\cdot)$ 和 $g(\cdot)$ 都已知，则定义偏残差为 $r_{ik} = y_i - g(x_i) - \sum_{j \neq k}^{p} f_j(x_{ij})$，经过计算最小化偏残差得到 $\widehat{f_k}(x_{ik}) = E(r_{ik} \mid X_i)$，循环计算该过程得出 p 个分量 $f_1, f_2, \cdots, f_p$ 的估计值，分别记为 $\widehat{f_1}, \widehat{f_2}, \cdots, \widehat{f_p}$，依次类推，在估计 $g(x_i)$ 时，设定余下所有的 f_j 都固定，求得最优估计值 $\widehat{\beta}$。在具体实现时，第一步要做的就是初始化函数

$\hat{g}^0(x_i)$，$\hat{f}_1^{\,0}(X_{i1})$，$\hat{f}_2^{\,0}(X_{i2})$，$\cdots$，$\hat{f}_p^{\,0}(X_{ip})$，假设 $\hat{f}_2^{\,0}(X_{i2})$，$\cdots$，$\hat{f}_p^{\,0}(X_{ip})$ 和 $g(x_i)$ 是固定的，通过以上方法，得到估计 $\hat{f}_1^{\,1}(X_{i1})$ 从 1 循环到 $(p+1)$，得到 $\hat{g}^1(x_i)$，$\hat{f}_1^1(X_{i1})$，$\hat{f}_2^1(X_{i2})$，$\cdots$ $\hat{f}_p^1(X_{ip})$，持续以上迭代过程，一直到 $RSS = \sum_{i=1}^n \left[y_i - g(x_i) - \sum_{j=1}^p f_j(x_{ij}) \right]^2$ 达到预先设定的收敛标准，据此可求得非参数函数部分和线性部分的估计值。

5.2.2　模型构建、变量设定与检验

5.2.2.1　模型构建与变量设定

根据税制结构调节居民收入分配的理论分析，本书构建以下非参数可加模型：

$$Z_{it} = \alpha + \beta_1 X_{it} + \beta_2 Y_{it} + \sum g_i(X_{it}) + \varepsilon_{it} \qquad (5.5)$$

我们很容易发现，式（5.5）的前半部分是一般的线性模型，后半部分是待估函数，没有先验的假定模型形式，这样就可以拟合各个变量对居民收入差距的非线性影响。其中，X_{it} 为解释变量，即税制结构因素，Y_{it} 为控制变量，β 是变量回归参数，ε_{it} 是残差项。下标 i 和 t（$t=2003$，$\cdots$，2016）分别代表第 i 省和第 t 年，本书选取的样本包括了 30 个省份。Z_{it} 表示区域居民收入差距的基尼系数，其值越大，收入差距越大。

在探讨税制结构对区域居民收入分配影响时，仍然以基尼系数为解释变量，以宏观税负、经济发展水平、民生支出为控制变量，各税类及税种占税收总收入的比重为解释变量。前面已对相关变量采用进行了详细解释，在此不再赘述。

5.2.2.2　共曲线性检验

多元线性回归模型需要进行多重共线性检验，而非参数可加

模型需要在设定模型前对解释变量进行共曲线性检验。因为，如果存在共曲线性，将导致回归参数的方差、标准差增大，置信区间变大，模型拟合和预测效果均大幅下降。共曲线性检验的判定方法是求某一变量与其他非参数项变量的相关系数，如果其相关系数绝对值不超过 0.5，就可以认为它们之间不存在或存在很低的共曲线性，可以忽略不计。本书对前面所设定的九个解释变量进行了共曲线性检验，发现其相关系数绝对值均未超过 0.5，所以模型所设定的解释变量之间不存在共曲线性。

5.2.3　实证结果及分析

为保证实证分析的一致性，本章仍沿用第 4 章对全国区域的划分，将全国分为三个区域，即东部地区、中部地区、西部地区（不含西藏）。基于 2003~2016 年各省份面板数据，使用 Stata15.1 统计软件对我国三大区域居民收入分配状况进行非参数可加模型估计。式（5.5）中线性部分估计结果见表 5-4，非参数部分估计结果如图 5-1 至图 5-9 所示。

表 5-4　　　　　　　　　　线性部分回归结果

变量	区域		
	东部	中部	西部
C	5.4256 *** (14.5243)	4.9617 *** (7.7697)	5.3671 *** (10.3756)
GDP	-0.2007 ** (-4.5789)	-0.1982 ** (-3.3462)	-0.0208 ** (-2.2262)
SWE	-0.2104 ** (-4.7269)	-0.1102 ** (-3.5711)	0.1907 * (4.2639)

变量	区域		
	东部	中部	西部
TBR	0. 1287 * (2. 6118)	0. 2001 ** (2. 8923)	0. 2365 ** (3. 0078)
IT	0. 1987 * (1. 6782)	0. 1607 * (1. 3427)	- 0. 0203 * (- 1. 2986)
GST	0. 2108 ** (3. 2134)	0. 1104 ** (2. 3897)	0. 2000 * (3. 0897)
PT	- 0. 1104 (- 1. 6984)	- 0. 0091 * (- 0. 3280)	- 0. 0105 * (- 1. 0985)
OT	- 0. 1498 (- 1. 2768)	- 0. 0214 (- 0. 5987)	- 0. 0096 (- 0. 3200)
VAT	0. 1382 *** (4. 4153)	0. 1289 *** (3. 6890)	0. 1007 *** (2. 0089)
BT	- 0. 2456 ** (- 4. 5984)	- 0. 1810 ** (- 4. 0723)	- 0. 0910 ** (- 3. 6954)
CT	- 0. 0986 ** (- 1. 8584)	- 0. 0708 ** (- 1. 6876)	- 0. 0564 * (- 1. 3999)
EIT	0. 0103 (4. 3428)	0. 0090 (3. 6976)	- 0. 0805 * (- 4. 8000)
IIT	0. 0075 *** (0. 5673)	0. 0024 ** (0. 3152)	- 0. 0381 (- 0. 6977)

注：＊＊＊表示在1%的水平上显著、＊＊表示在5%的水平上显著、＊表示在10%的水平上显著，括号内的系数为 t 值。

5.2.3.1 线性影响结果分析

根据东部、中部、西部（地区）的区域划分，对式（5.5）的模型进行了估计，线性部分估计结果见表 5 - 4。估计结果显示，居民收入分配的线性模型有较好的拟合效果，只有少数变量没有通过显著性检验，多数变量的线性部分估计均顺利通过显著性检验。

（1）货劳税的影响分析。货劳税在东部、中部、西部三个区域对基尼系数的影响系数均为正值，且全部通过显著性检验，累退性明显，不利于收入分配的公平。货劳税在东部、中部、西部三个区域的弹性系数分别为 0.2108、0.1104、0.2000，即货劳税每提升 1%，东部地区基尼系数将上升 0.2108 个百分点，中部地区基尼系数上升 0.1104 个百分点，西部地区基尼系数上升 0.2000 个百分点，货劳税比重的提升，将直接拉大各地区的收入分配差距，产生了逆向调节作用。由于区域社会经济发展程度的差异，其逆向调节作用在三个区域并不相同，在东部地区的逆调节作用强于中、西部地区，中部地区的逆调节作用最小。

从货劳税的具体税种来看，增值税呈现出明显的逆向调节作用，其在东部、中部、西部三个区域对各区域基尼系数的影响系数分别为 0.1382、0.1289、0.1007，且都在 1% 的水平上通过显著性检验，即增值税比重每增加 1%，东部、中部、西部地区的基尼系数分别上升 0.1382、0.1289、0.1007。在东部地区的逆调节最强，这主要是因为东部地区经济发展较快，居民收入水平较高，但因消费呈现边际递减效应，大部分日用品都是增值税的征税范围，且税率统一，因此中低收入阶层负担了相对较高比例的税负，税收呈明显累退性，加剧了收入分配分化。营业税和消费税对三个区域基尼系数的影响系数均为负，且都在 5% 或 10% 的水平上通过显著性检验，说明营业税和消费税比重提升降低了该区域的基尼系数，缩小了居民收入分配差距。消费税在东部地区的调节系数为 -0.0986，调节作用强于中部地区的 -0.0708 和西部地区的

- 0. 0564，这是因为消费税的课税范围主要集中于珠宝、贵重首饰等带有一些奢侈消费的非日用品，在东部经济发达地区，需求弹性较大，消费税的课税特点有较大发挥空间，对居民收入分配的正向调节作用力度自然更大。营业税也在不同区域表现出不同的影响效果，其在东部地区对基尼系数的影响力最强，最能发挥对收入分配的正向效果，在西部地区最弱。

（2）所得税的影响分析。所得税整体在东部、中部、西部三个区域对基尼系数的影响不尽相同。在东部、中部地区弹性系数均为正值，在西部地区为负值，全部通过显著性检验，即在东部、中部地区表现出明显的累退性，不利于缩小居民收入差距，而在西部地区有一定的累进性，有利于改善居民收入分配。所得税在东部、中部、西部三个区域的弹性系数分别为 0. 1987、0. 1607、- 0. 0203，即所得税每提升 1%，东部地区基尼系数将上升 0. 1987 个百分点，中部地区基尼系数上升 0. 1607 个百分点，西部地区基尼系数下降 0. 0230 个百分点，所得税比重的提升，将直接拉大东部、中部地区的收入分配差距，缩小西部地区的收入分配差距。

从所得税的具体税种来看，个人所得税在东部、中部、西部地区对其基尼系数的影响系数分别为 0. 0075、0. 0024、- 0. 0381，在东、中部地区为正值，且分别在 1% 和 5% 的水平上通过了显著性检验，在西部地区弹性系数为负，未通过检验。这表明个人所得税占比提升将推高东部、中部地区的基尼系数，对收入分配起到逆调节作用，扩大收入差距。这主要是因为东部地区经济较发达，居民收入来源渠道多元化，尤其是高收入阶层的工薪收入占其总收入的比重较低，而目前个人所得税以工薪课税为主，导致个人所得税的累退特征明显。西部地区正好相反，经济相对落后，居民劳动收入占比相对较高，所以个人所得税的工薪税属性在西部地区表现出有利于缩小居民收入差距的作用。企业所得税在东部、中部区域对基尼系数的影响系数均为正，但未通过显著性检验，对西部地区影响系数为 − 0.0805，且在 10% 的水平上通过显著性检验，即企业所得税每上升 1%，其基尼系数将下降 0.08 个百分点，这表明西部地区的企业所得税有助于收入分配差距的缩小，实现收入分配公平。

（3）财产税的影响分析。财产税在东部、中部、西部三个区域对其基尼系数的影响系数均为负值，且全部通过显著性检验，累进性明显，有利于促进收入分配公平。财产税在东部、中部、西部三个区域的估计系数分别为 − 0.1104、− 0.0091、− 0.0105，即财产税每提升 1%，东部地区基尼系数将下降 0.1104 个百分点，中部地区基尼系数下降 0.0091 个百分点，西部地区基尼系数下降 0.0105 个百分点，财产税比重的提升，将缩小各地区的收入分配差距，产生了正向调节作用。财产税在东部地区的正向调节作用最强，在中部地区最弱，但因为我国财产税比重较低，影响了其在整个税制中的调节效力。财产税中的具体税种占比更小，影响力微弱，在此不再详述。

5.2.3.2　非线性结果分析

模型非线性部分的检验结果见表 5 − 5，图 5 − 1 至图 5 − 9 分别描述了税制结构中各主要税类和税种对居民收入分配的非线性影响作用。表 5 − 5 通过对 9 个核心变量非线性作用的影响分析，能更加详细地完善和补充线性结果反映的内容。图 5 − 1 至图 5 − 9 中的横轴为自变量的取值，纵轴是自变量对因变量的影响，阴影部分表示95%的置信带。

表5-5   非线性部分的检验结果

变量	区域（$Pr > chisq$）		
	东部	中部	西部
IT	0.0005	0.0013	0.1023
GST	0.0030	0.0107	0.3106
PT	<0.0001	0.0034	0.0075
OT	0.5361	0.4988	0.5734
VAT	<0.0001	<0.0001	0.0021
BT	0.0023	0.0011	<0.0001
CT	0.0060	0.0057	0.0038
EIT	0.2422	0.3672	0.2037
IIT	0.0012	0.0028	0.6327

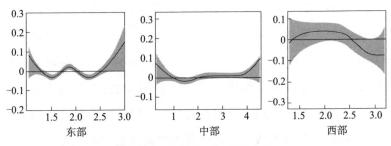

图5-1 所得税的非线性影响

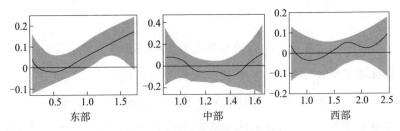

图5-2 企业所得税的非线性影响

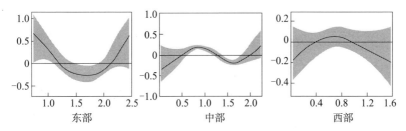

图 5 - 3　个人所得税的非线性影响

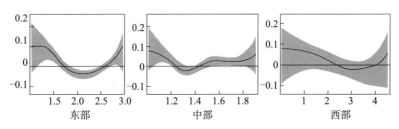

图 5 - 4　货劳税的非线性影响

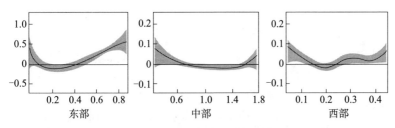

图 5 - 5　增值税的非线性影响

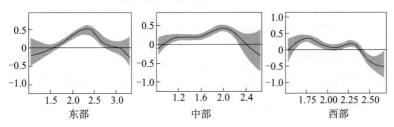

图 5 - 6　消费税的非线性影响

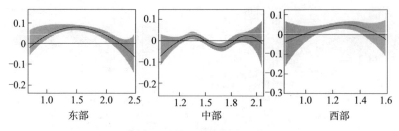

图 5－7　营业税的非线性影响

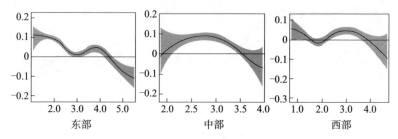

图 5－8　财产税的非线性影响

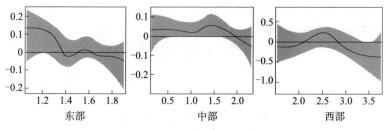

图 5－9　其他税的非线性影响

（1）所得税的影响分析。所得税对东部地区基尼系数的影响表现为尾部陡峭的正 U 型，且通过了卡方显著性检验，表明所得税占比的提升一开始有助于缩小居民收入差距，但随着其比重的继续增加，其正向调节作用衰减，拉大了居民收入差距，这主要是因为经济的不断发展，收入来源多样化，以工薪税为主的所得税的累退性日益显现，这跟线性分析结果一致。所得税对中部地区基尼系数的影响呈现出尾部平缓的正 U 型趋势，且通过了卡方显著性检验，与在东部地区影响趋势趋同，但显著性下降。所得税对西部地区基尼系数的影响呈倒 U 型趋势，与东部、中部地区的影响趋势明显相反，但未通过显著性检验。分具体税种来看，个人所得税在东部、中部地区的影响均呈现出典型的正 U 型趋势，且都通过了卡方显著性检验，说明在东部、中部地区征收个人所得税初期改善居民收入差距，但随着社会经济的进一步发展，个人所得税恶化了居民收入分配状况。在西部地区，个人所得税对居民收入分配的影响呈现出与东部、中部截然不同的倒 U 型趋势，长期来看有助于居民收入分配的改善，但未通过显著性检验。企业所得税在东部、中部、西部的影响都呈现出正 U 型趋势，但均未通过显著性检验，影响有限。

（2）货劳税的影响分析。货劳税对东部、中部、西部基尼系数的影响均呈现尾部平缓的正 U 型趋势，且在东部、中部地区通过了卡方显著性检验，而在西部地区未通过显著性检验。长期看来，货劳税在东部、中部地区表现出明显的累退效果，扩大了居民收入差距，在东部地区的逆调节效应强于中部地区，在西部地区逆调节效应基本可忽略。分具体税种来看，增值税对基尼系数的影响在三个区域均呈 U 型趋势，且都通过卡方显著性检验，说明在增值税比重较低时收入分配得到了改善，随着增值税比重提升，居民收入差距逐渐扩大，且在东部、中部地区逆向调节作用强于西部地区。而消费税和营业税则表现出了与增值税截然不同的影响，在三个区域对基尼系数的影响都呈现出倒 U 型，且通过卡方显著性检验，表现出较强的非线性影响，说明消费税和营业税的比重提升逐步缩小了居民收入差距，改善了收入分配状况，起到正向调节作用。尤其在西部地区，消费税和营业税的正向调节作用强于东部地区。

（3）财产税的影响分析。财产税对东部地区居民收入分配差距影响呈现为一种头部和尾部均陡峭的倒 N 型趋势，且通过卡方显著性检验，说明长期来看，提升财产税比重有利于缩小居民收入差距。财产税在中部地区对居民收入差距影响呈现出倒 U 型趋势，通过显著性检验，非线性走势尾部较东部地区平缓，说明财产税比重提升抑制居民收入差距的进一步扩大，有助于改善居民收入分配，但效果稍逊于东部地区。财产税对西部地区居民收入分配的影响呈倒 U 型趋势，且通过显著性检验，表明财产税比重的提升有助于改善居民收入分配，但较之东部、中部显著性下降。

5.2.3.3　传统线性回归模型与非参数可加模型分析比较

非参数可加模型实证分析结果是否稳健对研究具有重要意义，研究结果通常必须通过稳健性检验。本书通过对30个省份分区域，利用线性面板数据模型，对被解释变量进行线性回归分析，发现传统的线性面板数据模型与非参数可加模型分析估计结果大体趋同，两种不同模型中不同税类、不同税种对区域居民收入差距的影响总体一致。虽然在变量显著性和强度方面有一定的差异，但总体结果基本维持不变。

为深入验证线性面板数据模型和非参数可加模型的优劣，我们测算出了两种不同模型的残差平方和（见表 5－6）。通过表 5－6 可以发现，线性面板数据模型与同区域使用非参数可加模型拟合后的残差平方比较都有不同程度的提高，说明线性面板数据模型的拟合效果不及非参数可加模型，后者估计的精准度更高。因此，使用非参数可加模型进行的实证分析比传统线性模型更为合理，结果估计的精确度也同步提高。

表 5 – 6　　线性面板数据模型和非线性模型的残差平方和统计

区域	被解释变量	
	线性模型的残差平方和	非线性模型的残差平方和
东部地区	1. 2561	0. 8723
中部地区	1. 2147	0. 7935
西部地区	1. 0978	0. 7281

总之，通过以上分析比较，可以发现非参数可加模型不但更为细致地展现出了税制结构对不同区域居民收入分配的非线性影响，变量之间线性关系也得到很好的把握。同时，非参数可加模型的拟合优度也优于传统线性面板数据模型。所以，在税制结构对区域居民收入分配影响的差异性研究中，使用非参数可加模型进行分析是合理的、科学的，更有意义的。

5.3　实证小结

通过利用回归模型对我国税制结构整体的收入分配效果分析，发现我国以货劳税为主体的税制结构不利于缩小居民收入分配差距。

第一，就货劳税来看，其对居民收入分配整体表现出明显的逆调节作用，不利于收入分配的改善。从具体税种来看，增值税对居民收入分配的影响系数为正，扩大了收入分配差距，营业税对居民收入分配影响系数为负，有利于改善收入分配。我们必须对增值税逆调节作用引起高度重视，逐步降低增值税比重和税率，以减轻其对收入分配的负面影响。消费税对基尼系数的影响系数为负，有利于降低居民收入分配差距，改善收入分配。由此可进一步扩大消费税的征税范围，提高对特殊消费领域（奢侈品，高污染、高耗能行业）的税率，充分发挥其收入分配的功能。从区域分析来看，增值税在经济较发达的东部地区逆向调节作用强于经济相对落后的中部、西部地区。营业税和消费税则对居民收入分配有正向调节作用，可不同程度地改善各区域的居民收入分配状况，但调节效力较弱，且线性和非线性分析结果趋势不一，有待参考其他因素做更深入研究。

第二，从所得税来看，其对收入分配的影响系数为正，扩大了居民收入分配差距。所得税并未像理论分析那样，缩小了居民收入分配差距，反而恶化了居民收入分配，这说明我国所得税的设计并未达到预期的目的。个人所得税和企业所得税均表现出对收入分配的逆调节作用。这是因为原来分类征税的个人所得税制度很难衡量每个人的真实的缴税能力，税基较窄，且容易造成税收流失，收入分配效果较差。2019 年个税改革后，个人所得税建立了以分类和综合相结合的征收制度，同时扩大了税前扣除范围，有可能改进其收入分配效果。从区域分析来看，所得税在东部、中部地区逆向调节效应明显。个人所得税在东部、中部地区都表现出对居民收入分配的逆向调节效果，其比重的提升恶化了居民收入分配。而在西部地区，个人所得税缩小了居民收入差距，但未通过显著性检验，个人所得税的收入分配调节功能需要优化。企业所得税的影响总体不显著，影响十分有限。

　　第三，财产税和其他类税总体对收入分配的影响系数为负，有利于缩小居民收入差距，改善居民收入分配。财产税对不同区域居民收入分配均呈现出较强的正向分配作用，在东部地区的作用强于中部、西部地区。

第6章 税制结构的国际比较与我国税制结构的问题

本书的前面部分介绍了我国税制结构的演变与现状，并从理论与实证角度探讨了税制结构收入分配效应，其最终目的是为我国税制结构优化寻找一条现实的路径。西方发达国家早于我国开启了现代化，在税制设计方面相对完善，在税收制度和税收管理改革方面积累了一些经验和教训。世界主要发展中国家情况各异，其税制结构的演变趋势也为我国税制结构的改革提供了一些新的思考。比较西方发达国家和发展中国家的税制结构，毫无疑问，这有助于我国现在税制结构的优化。因此，本章进行税制结构的国际比较，同时梳理我国税制结构存在的问题，为下一步对策建议的提出打下良好的基础。

6.1 发达国家的税制结构比较

发达国家税制结构选择和发展可以反映税制结构的总体发展脉络。但我们也必须清楚，不同国家的社会制度、文化传统等存在较大差异，发达国家税制演变的历史轨迹，并不一定就是发展中国家税制结构发展的必然趋势。[①] 发达国家间不同税制结构和主

———————————

① 这是发展经济学的基本结论，也是对经济发展与经济增长进行区别的重要原因。

体税种的选择，也印证了各种因素对税制结构变化的影响。

6.1.1　发达国家税制结构的演进与现状

6.1.1.1　发达国家税制结构的演进

20 世纪 80 年代，全球掀起了一场影响深远的税制改革，这场改革运动从欧美发达国家开始，其后席卷全球。供给学派在这次改革运动中表现活跃，根据供给管理的基本理论，提出简化税制、拓宽税基、降低税率、加强征管的基本原则，各国纷纷以减税为主基调，大幅度降低税率，尤其是所得税税率，同时，简化税率档次，减少了税收优惠，拓展税基，对一些发达国家甚至发展中国家的税制结构都产生了深远影响。

表 6-1 显示了 20 世纪 80 年代税制改革后一直到 2010 年以 OECD 为代表的发达国家税制结构和主体税种选择的基本状况。结合表 6-1 中的数据，可以看出发达国家在 25 年间的税制结构与主体税种选择的变化趋势。

表 6-1 20 世纪 80 年代后至 2010 年 OECD 国家税制结构与主体税种变迁

单位：%

税种	1986 年	1990 年	1995 年	2000 年	2010 年
个人所得税	29.7	29.4	27.0	26.0	26.2
公司所得税	8.0	7.9	8.0	9.7	8.5
社会保险税 *	23.6	23.7	25.8	25.7	27.3
财产税	5.5	5.7	5.4	5.4	5.0
增值税和销售税	15.8	17.4	17.5	18.3	18.8
其他商品和服务税	17.7	14.7	14.8	13.3	13.8
所得税系 **	61.3	61.0	60.8	61.4	62.0
所得税系 ***	37.7	37.3	35.0	35.7	34.7

续表

税种	1986 年	1990 年	1995 年	2000 年	2010 年
社会保险税系	23.6	23.7	25.8	25.7	27.3
商品劳务税系	33.5	31.8	32.3	31.6	32.6
财产税系	5.2	5.7	5.4	5.4	5.0

注：＊社会保险税包括薪给税；＊＊所得税系包括个人所得税、公司所得税和社会保险税；＊＊＊所得税系包括个人所得税、公司所得税，不包括社会保险税。

资料来源：OECD Revenue Statistics 1965—2010, 2012, Paris. P76 – 78.

从各个税类的相对地位看，无论是否包括社会保险税在内，所得类税都是发达国家的主体税类。所得税尽管是第一大税类，但是在这 25 年间其税收收入占比却呈下降趋势；商品类税没有出现大的波动，在整个税制中占有重要地位；财产税基本稳定，属于从属性的税类。

如果把有争议的社会保险税单独作为一个税类，那么经过 30 多年的税制改革，以 OECD 国家为代表的发达国家基本形成了所得税、社会保险税、商品税三大类税均衡的态势。1986 年三大类税平均占比为 37.7%、23.6%、33.5%，而到 2010 年为 34.7%、27.3%、32.6%。

从主体税种选择看，通过税制改革，各个税种的相对地位和作用发生了一些变化。个人所得税没有延续 20 世纪以来占比大幅增长的势头，总体呈下降态势，从 1986 年的 29.7% 下降到 2010 年的 26.2%。公司所得税比重有涨有跌，但整体呈上升态势，从 1986 年的 8% 上升至 2010 年的 8.5%。社会保险税则总体保持稳定，略有上升，2010 年相比 1986 年占比上升了 3.7 个百分点，随着社会发展，人民要求的提升，社会保险税预计还将稳步上升。商品税类基本稳定，但其中的增值税增长较快，提高了近 3 个百分点，这主要是各国普遍开征了增值税，扩大了增值税的税基，并提高了税率。从发展趋势看，许多发达国家将个人所得税、社会保险税和增值税作为主体税种的基本选择。

6.1.1.2　发达国家税制结构的现状

前面纵向分析了发达国家税制结构的演进，展示了发达国家税制结构的演进历程，那么，当前世界发达国家的税制结构如何呢？本书利用 OECD 官方网站公布的 35 个成员国 2015 年的税收数据（见表 6 - 2）来探究发达国家税制结构现状。尽管 OECD 成员国有少数几个不是传统意义上的发达国家，但其总体经济水平仍排在世界前列，所以以此 35 个国家为样本进行分析，具有一定的代表性。

表 6 - 2　　　　2015 年 OECD 国家的税制结构　　　　单位：%

国家	所得税[*]	社会保障税	货劳税	所得税	财产税	其他税
澳大利亚	61.70	0.00	27.66	61.70	10.64	0.00
奥地利	69.79	33.64	27.23	36.15	1.37	1.61
比利时	67.63	31.92	23.88	35.71	7.81	0.68
加拿大	64.07	15.00	23.13	49.07	11.88	0.92
智利	37.56	6.83	54.15	30.73	4.39	3.90
捷克	64.86	43.24	33.63	21.62	1.50	0.01
丹麦	61.65	0.22	31.59	61.43	4.14	2.62
爱沙尼亚	56.63	33.33	41.89	23.30	0.88	0.60
芬兰	64.24	28.93	32.35	35.31	3.19	0.22
法国	64.16	37.17	24.34	26.99	8.85	2.65
德国	68.74	37.74	27.76	31.00	2.96	0.54
希腊	50.55	29.40	39.29	21.15	8.52	1.64
匈牙利	52.06	32.31	43.85	19.75	3.33	0.76
冰岛	53.95	9.81	32.43	44.14	5.45	8.17

国家	所得税*	社会保障税	货劳税	所得税	财产税	其他税
爱尔兰	60.17	16.88	32.47	43.29	6.49	0.87
以色列	49.19	16.29	38.02	32.90	10.54	2.25
意大利	60.74	30.02	27.25	30.72	6.47	5.54
日本	70.68	39.41	20.85	31.27	8.14	0.33
韩国	57.15	26.59	28.17	30.56	12.30	2.38
拉脱维亚	54.48	28.62	41.38	25.86	3.45	0.69
卢森堡	65.49	29.08	25.54	36.41	8.97	0.00
墨西哥	56.79	13.58	38.89	43.21	1.85	2.47
荷兰	65.51	37.70	29.68	27.81	3.74	1.07
新西兰	52.12	0.00	38.48	52.12	6.06	3.34
挪威	66.85	27.42	30.29	39.43	2.87	0.00
波兰	59.26	38.58	36.11	20.68	4.32	0.31
葡萄牙	56.07	26.01	38.44	30.06	3.76	1.73
斯洛伐克	63.77	42.72	33.75	21.05	1.24	1.24
斯洛文尼亚	57.92	39.62	39.89	18.30	1.64	0.55
西班牙	62.13	33.73	29.59	28.40	7.69	0.59
瑞典	69.05	22.40	28.18	46.65	2.31	0.46
瑞士	66.43	24.55	21.66	41.88	6.86	5.05
土耳其	49.40	29.08	44.22	20.32	4.78	1.60
英国	54.15	18.77	32.92	35.38	12.62	0.31
美国	72.51	23.66	17.18	48.85	10.31	0.00
均值	60.21	25.84	33.46	34.38	5.75	1.57

注：OECD官方网站统计数据将税收分成所得税、社会保障税、工薪税、货劳税、财产税、其他税六类进行统计。为便于分析，保持与前面统计口径一致，表中的所得税包含所得税和工薪税，所得税*包含了所得税、社会保障税和工薪税。

资料来源：OECD官方网站，https://data.oecd.org/tax/tax-revenue.htm#indicator-chart。

所得税牢牢占据第一大税类的位置。如果将社会保险税划归所得税类，则所得税在发达国家的占比平均高达60.21%，其中，美国、日本、奥地利位居前三名，分别占比 72.5%、70.68%、69.79%，占比排名靠后的三个国家为智利、土耳其和希腊，分别为 37.56%、49.4%、50.55%，这可能跟这三个国家经济发展水平相对较低有关。如果将社会保险税单列，所得税仍是第一大税种，平均占比为 34.38%，占比前三名的国家为丹麦、澳大利亚、新西兰，其所得税占比分别为 60.78%、56.74%、52.12%，占比后三名的国家为斯洛文尼亚 18.03%、匈牙利 18.21%、波兰 20.06%，排名靠后的三个国家经济发展水平在 OECD 国家也相对落后。从所得税占比情况来看，其与经济发展呈现出正向关系，这与前面的分析结论一致。

货劳税位居次席，占税收收入的比重均值为 33.46%。货劳税自 20 世纪 80 年代西方税制改革以来，以增值税为代表的货劳税在发达国家获得了较快增长，较之 2010 年，其比重又上升近一个百分点。货劳税占比靠前的三个国家是智利（54.15%）、土耳其（44.22%）、匈牙利（43.85%），占比排名后三名的国家是美国（17.18%）、日本（20.85%）、瑞士（21.66%）。货劳税占比靠前的三个国家中有两个是所得税占比较低的国家，货劳税占比靠后的三个国家中有两个是所得税占比靠前的国家，再次印证了货劳税占比与经济发展水平呈反向关系的基本判断。

社会保障税为第三大税类，占税收收入的比重均值为 25.84%。社会保障税占比排名前三位的国家分别为捷克（43.24%）、斯洛伐克（42.72%）、日本（39.41%），占比排名靠后的三个国家为丹麦（0.22%）、智利（6.83%）、冰岛（9.81），澳大利亚和新西兰目前尚未开征。

其他税类总占比未超过 10%，均属于从属性的税类，对税制结构的总体影响不大。财产税占税收收入比重较高的三个国家为英国、韩国、加拿大，其财产税占比分别达到了 12.62%、12.3%、11.88%，OECD 国家的财产税非加权均值为 5.75%；工薪税较高的国家有瑞典（10.62%）、奥地利（6.86%）、澳大利亚（4.96%）、以色列（2.47%）、加拿大（2.19%）。其他税较高的有冰岛（8.17%）、意大利（5.54%）、瑞士（5.05%）。

当前，为应对全球贸易摩擦和经济下行压力，发达国家又掀起了新一轮税制改革及减税浪潮，这必将冲击发达国家的税制结构，从改革内容来看，呈现出了以下几个特点：一是所得税是税制改革的主要领域，其中，个人所得税和公司所得税更是各国改革关注的重点。二是进一步降低综合税收负担，主要通过个人所得税和企业所得税一体化来实现，避免双重征收，以减轻家庭和企业负担。三是在扩大增值税课税范围的基础上调高增值税税率，注重货劳税的征收，加强其征管力度。

这场减税降费的改革势必会影响到当前世界各国对主体税种的选择，继而将引起税制结构的变化。从税制结构的演变历史角度来看，这场改革是 20 世纪 80 年代税制改革的延续，所得税虽然仍然是诸多国家的第一大税类，但其主体地位有所动摇，占比缓慢下降。货劳税因对经济发展更具效率，又重新受到许多国家的重视，货劳税占比缓慢提升。所得税和货劳税占比的一降一升，预示着两大主要税类占比将不断接近，走向平衡协调发展，有形成均衡的双主体的税制结构的趋势。从单个税种的发展来看，尽管个人所得税外加"近亲"社会保险税，仍然是第一大税种，但以增值税为主的货劳税的占比不断上升，发展成为主体税种几乎已经是必然趋势，但从当前情况来看，也很难完全取代个人所得税的地位和作用。

此外，值得注意的是，20 世纪中叶开始，能源消费和环境保护方面的税种一直保持了高速增长趋势，这是税制结构演变过程中的新变化，在一些国家，这些税种甚至成了重要的收入来源和宏观调控手段。据统计，丹麦的绿色税收已经占到 GDP 的 4.87%，占税收收入的 10.03%；荷兰的绿色税收占 GDP 的 3.2%，占地方政府收入的 50%，占整个国家收入也达到了 14%。随着环境保护意识深入，环境保护税也逐步被国际组织认可，被各国人民所接受，尤其是近年来，环境保护意识不断提高，其有可能改变未来的税制结构和主体税种。

6.1.2　发达国家税制结构的收入分配效应比较

西方发达国家在税制结构的变迁中逐步形成了以所得税为主体税种的税制结构，这种税制结构势必会对其社会收入分配产生一定影响。本节以美国、德国、英国部分年份的税制结构收入分配效应来窥探西方发达国家的税制结构对收入分配带来的影响。

6.1.2.1　美国税制结构的收入分配效应

直接税占据了美国税收收入的绝大部分，2015 年占总税收收入的 72.51%，所以美国以直接税为主体的税制结构是其税收制度的典型特点。在所得税的构成中，个人所得税是其主体，美国税收的收入分配调节中个人所得税发挥了重要作用。除了个人所得税，美国的遗产与赠与税、财产税、消费税和社会保障税等也起到了非常重要的配合调节作用。通过这一系列的税收调控措施，美国的税后基尼系数处于较低水平。美国税制结构通过各种税收协调发挥再分配效应，具体见表 6 - 3。从表中可知，美国税前的初次分配有着较大的收入差距，基尼系数均超过了 0.4 的国际警戒线，自 1990 年以来，长期维持高警戒水平运转，但通过税收等手段的再分配调节，其基尼系数全部调到了 0.4 以下。这表明美国再分配调节有效，作用明显，而税收作为重要的再分配手段在其中发挥了调节功能，有着重要的作用。从表 6 - 3 可以发现，1990 ~ 2015 年，美国所得类税每年减少基尼系数 0.02 左右，对收入再分配效果的贡献度维持在 16% 以上。这很好地说明了美国以所得税为主的税制结构对收入分配产生了非常积极正面的影响，改善了社会收入分配状况，有利于缩小社会收入差距。

表 6 - 3 美国部分年份的收入再分配效应

基尼系数	1990 年	1995 年	2000 年	2005 年	2011 年	2015 年
再分配前	0.45	0.48	0.48	0.49	0.50	0.51
再分配后	0.35	0.36	0.36	0.38	0.38	0.37
分配效果	0.10	0.12	0.12	0.11	0.12	0.14
税收分配效果	0.0190	0.0220	0.0205	0.0184	0.0194	0.0234
税收贡献	19.02%	18.36%	17.07%	16.72%	16.20%	16.7%

注：税收的收入分配效果仅统计了当年的所得类税。

资料来源：张斌. 税制结构的几个问题 [R]. 北京：中国税务学会，2016：12 - 13。

6.1.2.2 德国税制结构的收入分配效应

德国的税制结构与美国类似，也是以所得税为主体税。2015年德国所得税占比高达 68.74%。德国的个人所得税课税范围比较广，其占税收总收入的比重超过 40%，个人所得税的最高边际税率高达 56%，尽管后来有所降低，但在 2015 年仍然有 45%。德国另一个非常重要的税种——遗产税，其在调节贫富差距的过程中也发挥了重要作用。德国的收入差距在再分配前也较大，基尼系数处于0.4以上，超过了国际警戒线水平，但通过再分配调节后，其基尼系数下降至0.3以下，大大降低，具体见表6－4。

表6－4　　　　　　　德国部分年份的收入再分配效应

基尼系数	1990 年	1995 年	2000 年	2005 年	2010 年	2015 年
再分配前	0.43	0.46	0.47	0.50	0.49	0.50
再分配后	0.26	0.27	0.26	0.29	0.29	0.28
再分配效果	0.17	0.19	0.21	0.21	0.21	0.20
税收分配效果	0.0313	0.0338	0.0370	0.0337	0.0354	0.0303
税收贡献	18.4%	17.8%	17.6%	16.07%	16.87%	15.16%

注：税收的收入分配效果仅统计了当年的所得类税。

资料来源：张斌．税制结构的几个问题［R］．北京：中国税务学会，2016：12－13。

从表6－4可以发现，德国的收入再分配效果比美国更好，德国初次分配后的基尼系数全部都在0.4以上，超过国际警戒线，收入差距较大，但是通过税收等再分配手段调节后，德国的基尼系数均处于0.3以下的合理水平。1990～2015年，德国的基尼系数总体呈上升趋势，在此期间，德国的所得税呈缓慢下降走势，但德国较高的边际税率阻止了基尼系数的进一步上升，展现出了较强的再分配效果，相比再分配前基尼系数下降均超过了40%。这说明税制结构对收入分配确实有一定的影响。对比表6－3和表6－4可知，德国的税收再分配力度小于美国，这是因为德国的转移支付力度较大，尽管税收的再分配效果贡献度低，但是德国整体的再分配效果却要强于美国。

6.1.2.3　英国税制结构的收入分配效应

英国是一个以所得税为主的国家。与德国和美国相比，英国的货劳税和财产税占比较高。英国在 1799 年就开征了个人所得税，是历史上最早开征个人所得税的国家，由此可见，英国很早就意识到了税收调节收入分配的作用。英国的个人所得税实行的是超额累进税率，在调节收入分配方面发挥了积极作用。1874 年，英国对个人所得税进行了大规模改革，把高边际税率从 83% 降至 40%，其后成为了英国一个比较稳定的税种。1995 年，英国又进行了比较精细的个人所得税改革，将级距简化为 3 级，即 1 ~ 3900 英镑，税率为 20%；3901 ~ 25500 英镑，税率为 24%；25501 英镑以上的，税率为 40%。2015 年，所得税在英国税收总收入中的比重为 35.38%，在调节居民收入差距中发挥着重要的作用。

英国除了开征个人所得税，还将遗产税和赠与税归并合在一起征税，开征了遗产与赠与税。针对遗产税，不仅对继承的遗产收税，还要将遗产传承人生前 7 年内赠与的财产征税，根据其死亡的年限，设置不同的税率，差别化征收，以防止富人提前转移财产，逃避遗产税。

从表 6 - 5 可以看出，英国的初次分配基尼系数在全球都属于非常高的水平了，大部分年份都超过了 0.5，远高于国际警戒线 0.4，在 2015 年甚至达到了 0.52。但是，经过再分配机制的调节，英国的基尼系数都下降到了警戒线以下，侧面反映了英国的再分配机制非常强有力，且呈现出再分配机制功能不断增强的迹象。英国的再分配效果从 1990 年的 0.13 上升到 2015 年的 0.19，其再分配力度在国际上处于较高水平。英国的税收再分配效果的贡献度 1990 ~ 2015 年一直在不断增强，除了 1990 年，其他年份均超过了 20%，强于德国和美国，有效降低了初次收入分配严重不均衡的状况，使得英国社会整体收入分配差距控制在合理的范围。

表 6 – 5　　　　　　　　英国部分年份的收入再分配效应

基尼系数	1990 年	1995 年	2000 年	2005 年	2010 年	2015 年
再分配前	0.49	0.51	0.51	0.50	0.52	0.52
再分配后	0.36	0.34	0.35	0.34	0.34	0.33
再分配效果	0.13	0.17	0.16	0.17	0.18	0.19
税收分配效果	0.0256	0.0345	0.0341	0.0367	0.0410	0.0454
税收贡献	19.72%	20.32%	21.34%	21.56%	22.78%	23.90%

注：税收的收入分配效果统计了当年的所得类税和财产税。

资料来源：张斌. 税制结构的几个问题［R］. 北京：中国税务学会，2016：
12 – 13。

以德国、美国、英国为代表的欧美发达国家是以直接税为主
体的税制结构，这种税制结构对调节居民收入差距有着十分积极
的作用。从表 6 – 3、表 6 – 4、表 6 – 5 可以发现，20 世纪 80 年代开
始的税制改革导致了所得税缓慢下降，影响到了所得税的收入分配
调节功能，德国和美国的所得税收入再分配效果贡献度 1990 ~ 2005
年呈不断下降趋势，这从侧面反映了所得税在整个税制结构调节
收入分配中的重要作用。英国税收再分配贡献度不断上升是因为
英国的数据统计中包含了财产税，而英国又是一个财产税比重较
大的国家，因此其所得税的缓慢下降被财产税上升带来的收入分
配效果所冲抵，随着财产税比重的不断上升，其再分配作用也呈
现不断增强的趋势。对比以上三个国家的税收再分配效果可知，
所得税和财产税组成了一个非常有效的税收调控机制，发挥了重
要的居民收入差距调节作用。这是欧美发达国家在初次分配差距
较大的情况下，能最终使居民收入分配保持在合理区间的重要原
因之一。岳希明（2016）也对西方发达国家的税制结构的收入分
配效应进行了测算（见表 6 – 6），得出了与上述分析类似的结论。

表6-6   中国与OECD主要国家所得税调节收入分配效果比较

国家	基尼系数		收入分配效果		贡献度（%）
	调节前	调节后	总效果	所得税效果	
芬兰	0.492	0.267	0.225	0.044	19.6
奥地利	0.488	0.267	0.221	0.040	18.3
瑞典	0.459	0.239	0.219	0.035	15.8
比利时	0.486	0.267	0.219	0.049	22.4
法国	0.485	0.266	0.219	0.030	13.5
德国	0.524	0.310	0.214	0.030	14.1
丹麦	0.472	0.262	0.210	0.034	16.2
荷兰	0.488	0.280	0.208	0.049	23.6
挪威	0.450	0.250	0.201	0.035	17.5
爱尔兰	0.514	0.317	0.197	0.050	25.2
卢森堡	0.464	0.275	0.190	0.038	20.0
英国	0.513	0.332	0.181	0.043	23.9
意大利	0.503	0.325	0.177	0.039	21.7
葡萄牙	0.537	0.370	0.168	0.046	27.2
西班牙	0.458	0.314	0.144	0.022	15.8
冰岛	0.393	0.291	0.102	0.021	20.3
平均值	0.483	0.289	0.193	0.038	19.5
中国	0.511	0.469	0.042	0.013	32.2

注：表中平均值不含中国的数据。

资料来源：岳希明. 如何解决目前我国的收入分配问题［J］. 财经智库，2016（1）：129-134。

通过对表6-6分析，我们不难发现：第一，我国与发达国家由市场因素决定的初次收入分配差距（即调节前的基尼系数）并没有多大区别，其中有的发达国家（如英国、德国）比我国的收入分配差距更大。但问题的关键在于，发达国家在初次收入分配差距较大的情况下，经过税收等各种再分配调节后，基尼系数都降到了 0.4 以下，而我国的收入再分配机制并没有发挥相应的作用，这反映我国居民收入分配差距大的根源在于再分配调节机制有待改进，政府税收和财政转移支付的力度不够，市场原因不是最主要的因素。第二，政府的财政转移支付制度应该是收入再分配的主导力量，其对收入分配的调节作用效力强于税收的调节作用。假设政府再分配调节效应一共为 100%，在发达国家转移支付发挥的作用高达 80%，其余的 20% 为以所得税为主的税收调节效应。根据岳希明在 2016 年的测算，我国所得税（含社会保险费用）的调节效应超过 30%，显著高于主要发达国家，这一点主要是因为我国的社会保险缴费较高所致，所得税本身的效应实际上很小，甚至可忽略。[①] 由此可见，在我国，要加大税收的再分配力度，就要充分挖掘所得税调节收入分配的潜能，提高所得税收入占比，增加社会保障投入，加速推进社会保险费改税，不断优化税制结构，提升税制结构优化收入分配的能力。

6.2　发展中国家的税制结构比较

6.2.1　发展中国家税制结构的现状

当前，新一轮税制改革和减税浪潮席卷全球，西方发达国家纷纷推出自己的税改方案并逐步落地实施。发展中国家如何应对

---

① 岳希明. 如何解决目前我国的收入分配问题 [J]. 财经智库，2016（1）：129 – 134.

发达国家的税制竞争,以更好助力本国经济发展,是每个发展中国家必须思考的问题。基于此,认识和了解发展中国家的税制结构现状尤为必要。根据 2016 年 OECD 和 IMF 公布的 2015 年全球主要的 73 个国家的税收情况,剔除其中经济发展水平较高的国家后,整理出 35 个典型的发展中国家,依次作为样本,来探讨主要发展中国家的税制结构现状(见表 6-7)。

表 6-7 　　　　2015 年主要发展中国家的税制结构情况

国家	人均 GNI (万美元)	所得税(%)	货劳税(%)	财产税(%)	其他税(%)
摩尔多瓦	0.22	14.07	84.12	1.81	0.00
洪都拉斯	0.23	31.17	61.75	7.07	0.00
乌克兰	0.26	34.77	57.05	2.68	1.92
摩洛哥	0.30	34.40	54.70	6.36	4.55
佛得角	0.33	31.69	65.82	2.30	0.19
埃及	0.33	44.90	48.02	5.14	1.94
蒙古	0.38	44.09	52.61	0.60	2.69
亚美尼亚	0.39	26.90	60.16	2.48	10.46
萨尔瓦多	0.39	36.78	62.38	0.55	0.03
突尼斯	0.40	38.66	54.79	2.57	3.99
格鲁吉亚	0.42	37.54	57.22	3.84	1.40
巴拉圭	0.42	17.85	78.76	2.10	1.29
约旦	0.47	29.52	65.89	2.71	1.88
波黑	0.47	14.80	83.43	1.65	0.13
塞尔维亚	0.55	22.87	73.85	2.53	0.76
泰国	0.56	40.29	58.50	1.42	0.79
南非	0.61	53.25	40.30	5.35	1.10
秘鲁	0.62	40.15	50.90	1.80	7.15

续表

国家	人均 GNI（万美元）	所得税（%）	货劳税（%）	财产税（%）	其他税（%）
阿塞拜疆	0.66	39.98	56.92	2.95	0.14
伊朗	0.66	57.19	28.52	2.20	12.09
马尔代夫	0.67	6.94	91.81	0.37	0.89
白俄罗斯	0.67	27.36	63.72	4.10	5.00
哥伦比亚	0.71	25.39	55.57	14.34	4.71
保加利亚	0.75	25.55	67.60	6.74	0.13
罗马尼亚	0.95	31.55	63.69	4.05	0.71
毛里求斯	0.96	25.86	64.07	7.78	2.28
墨西哥	0.97	50.00	45.68	1.85	2.47
土耳其	1.00	34.86	58.76	4.78	1.60
巴西	1.01	28.30	62.83	5.03	3.84
哥斯达黎加	1.02	28.92	63.48	6.39	1.22
俄罗斯	1.14	37.10	57.68	5.23	0.00
哈萨克斯坦	1.16	41.78	41.64	5.32	11.26
匈牙利	1.30	35.91	60.01	3.33	0.76
波兰	1.34	39.97	55.40	4.32	0.31
智利	1.41	34.15	57.57	4.39	3.90
非加权平均值		33.27	60.15	3.89	2.62

注：按国际货币基金组织的统计口径，社会保障缴费与税收收入是分列的。大部分国家社会保障缴费是雇主和雇员共同负担，为更加真实反映税收负担和统一数据类别，在此本书将社会保障缴费合并入所得税进行计算。

资料来源：根据 OECD 官方网站数据和《国际货币基金组织政府财政统计年鉴（2016）》（*IMF Government Finance Statistics Yearbook* 2016）相关数据整理；各国人均收入根据世界银行官方网站发布的数据整理。

通过对表 6-7 的数据分析，可以发现，35 个国家中，货劳税（主要包括增值税、销售税等）在税制结构中的非加权平均比重为

60.15%，居所有税类占比首位，在 35 个国家的税收收入中占比第一，是发展中国家的第一大税类；所得税（主要包括个人所得税、企业所得税、工薪税等）在 35 个国家中非加权平均占比为33.27%，仅次于货劳税，其中，在哈萨克斯坦、埃及、伊朗、南非、墨西哥 5 个国家中所得税占比最大；财产税类所占平均比重为3.89%，在绝大多数国家都是辅助税种。

不难发现，在发展中国家，货劳税仍处于绝对的控制地位，但其首要位置会一直延续吗？按照前面第 2 章对税制结构影响因素理论，在此继续以经济发展水平为依据，对发展中国家税制结构进行分组分析，以人均国民收入（GNI）作为经济发展水平的测度指标来对 35 个国家进行分类研究。根据 GNI 水平高低，本书将 35个发展中国家分成 3 个组来分析 GNI 对税制结构的影响（见表 6 –8），具体包括低收入组（人均收入在 5001 美元以下，14 个）、中等收入组（人均收入 5001 ~ 10000 美元，13 个）、高收入组（人均收入 10001 ~ 14000 美元，8 个）。综合 IMF 和 OECD 税收分类方法，适当调整了税类的分类方法，我们将所有国家的税收分为货劳税、所得税、财产税和其他税类四类。

表 6 – 8　　　　　2015 年发展中国家的税制结构分组分析　　　　单位:%

人均 GNI（美元）	所得税比重	货劳税比重	财产税比重	其他税比重
5001 以下	31.22	63.34	2.99	2.18
5001 ~ 10000	34.34	58.55	4.27	2.94
10001 ~ 14000	35.12	57.17	4.85	2.86

资料来源：根据表 6 – 7 数据整理而得。

从税制结构中所得税类的比重来看，在低收入组的 14 个国家中，所得税占比都相对较低，且差异较大。比如，蒙古国和埃及

2015 年所得税的比重分别为 44.09%、44.90%，而摩尔多瓦和波黑分别只有 14.07%、14.80%。在中等收入组同样呈现出类似的情况，所得税最高的伊朗所得税占比达到 57.19%，但最低的马尔代夫仅有 6.94%。可以发现，中低收入国家税制结构不稳定，可预测性偏低，这是因为中低收入国家的税制结构受政治、历史等因素影响较多；高收入组所得税的占比相对稳定，基本都维持在 28% 以上的占比。从整体看，随着经济发展水平的提高、人均 GNI 的不断增加，发展中国家的税制结构呈现出一定的规律，即收入水平越高所得税占比也越高，所得税在低收入组占比为 31.22%，在中等收入组占比为 34.34%，在高收入组占比为 35.12%，呈上升趋势。可见，经济发展水平对所得税有着重要影响，所得税随着人均 GNI 的提高其在税制结构中的地位也逐渐上升。

货劳税在税收收入中的占比表现出与所得税完全不一样的趋势。在低收入组的 14 个国家里，货劳税占比全部超过 50%，平均占比 63.34%，最高的摩尔多瓦高达 84.12%。而在中高收入组除了伊朗占比在 30% 以下外，其他 20 个国家货劳税占比均超过 40%，最高的马尔代夫甚至高达 91.81%。尽管货劳税在三个组均表现出较高的占比，但从整体看，随着人均 GNI 的增加，货劳税在税收收入中所占比重呈现逐步下降的趋势，货劳税在低收入组、中等收入组、高收入组的占比分别为 63.34%、58.55%、57.17%。可以发现，随着经济发展水平的不断上升、人民收入水平的不断提高，货劳税占比逐步下降。

就财产税类而言，在税制结构中所占比重较小，是从属型税类。在全部 35 个国家中，只有在一个国家占比超过 10%（哥伦比亚占比 14.34%），在绝大部分国家占税收的比重不超过 5%。财产税在低收入国家未体现明显的规律性，占比差异较大，也未体现出与人均收入明显的关系。但中高收入组相比中低收入组，财产税占比明显提升，且相对稳定。从总体看，财产税在低收入组、中等收入组、高收入组的占比分别为 2.99%、4.27%、4.85%，随人均收入的提高不断上升，与经济发展水平呈正向关系。

其他税占比均在 2% 左右，影响较小，不再赘述。通过对 35 个国家的税制结构分析，可以得出，税制结构的变化随着经济发展和收入水平的提高呈现出一定的规律性，即越是经济发达的国家，所得税、财产税占比就越高；越是经济发展较为落后的国家，货劳税占比就越高。本书认为，国家在经济的发展过程中应该正确认识经济发展水平对税制结构的影响，尽可能调整、优化税制结构，以适应经济发展要求。

6.2.2 发展中国家税制结构的收入分配效应比较

6.2.2.1 发展中国家收入分配差距的现状

为更加详细地探讨发展中国家税制结构对收入分配的影响，本书选取了金砖国家（印度、巴西、南非、俄罗斯）作为发展中国家代表与我国对比进行典型剖析。个人所得税作为税收调节收入差距的主要税种，在发达国家的收入分配调节中发挥了较为重要的作用，为保持与发达国家分析的一致性，我们仍然选用个人所得税作为发展中国家税制结构分析的内容。

国内收入分配差距较大是金砖国家普遍面临的问题（见表 6-9）。除印度外，其他金砖国家基尼系数均保持在 0.45 以上的高警戒水平，还有的国家远超国际警戒线水平，基尼系数高达 0.5 甚至

0.6。南非是所有金砖国家居民收入分配差距（以基尼系数衡量）最大的国家。根据世界银行公布的数据，南非的基尼系数 2007 年曾达到 0.67 的高点，2015 年为 0.62。另一个金砖国家巴西的居民收入差距过大，收入分配问题也很突出。2015 年巴西的基尼系数为 0.51，在金砖国家中排行第二，仅次于南非。巴西始终未能摆脱"中等收入陷阱"伴随而来的居民收入分配差距过大问题的困扰，虽然其基尼系数自 20 世纪末期以来在缓慢下降，但由于"历史欠账"过多，导致收入分配差距较大问题依然突出。

表 6 - 9　　　　　　2003 ~ 2015 年金砖国家的基尼系数

国家	2003 年	2005 年	2007 年	2009 年	2011 年	2013 年	2015 年
巴西	0.58	0.56	0.55	0.54	0.53	0.53	0.51
印度	0.34	0.33	0.37	0.37	0.36	0.38	0.37
俄罗斯	0.40	0.41	0.42	0.42	0.4	0.35	0.33
南非	0.59	0.65	0.67	0.64	0.62	0.61	0.62
中国	0.479	0.485	0.484	0.49	0.477	0.473	0.462

资料来源：世界银行官方网站：https：//data.worldbank.org。

金砖国家基尼系数较高的"第二梯队"是中国和俄罗斯。它们曾经有着相似的绝对公平的公有制计划经济体系，在走向市场经济过程中，社会的收入分配差距也在不断扩大。近年来，我国的研究机构也开始关注国内财产分配不均对居民收入分配的影响。国家统计局的数据显示，2017 年我国居民收入的基尼系数为 0.467，尽管整体在下降通道中，但比过去的两年有所上升。北京大学《中国民生发展报告（2014）》认为，我国财产分配不均的程度日益升高，财产不均的程度远超过老百姓其收入不均的程度，从 1995 年到 2002 年再到 2013 年，中国财产的基尼系数不断升高，从 0.45 一直增长到 0.73，呈现出较大的财产收入差距。

如果我们只看世界银行公布的数据，可以发现，金砖国家中的印度是收入分配最公平的国家。这其中的原因是世界银行在统计印度的基尼系数时用的是消费支出的数据，而其他金砖国家的基尼系数则是用收入数据计算的。消费支出和收入相比，其刚性较高，再加上边际消费倾向递减效应，富裕家庭用于消费的比例一般情况下是小于穷人的。所以，世界银行计算的印度的基尼系数可能是被低估了。如果中国的基尼系数以消费支出进行计算，可能不足 0.3。印度国内研究机构的许多专家学者认为，不应该用世界银行的测算方法，应该以收入数据作为测算依据。如果按此方法计算，印度的基尼系数应该在 0.6 ~ 0.7。

总之，居民收入分配差距较大是金砖国家普遍面临的社会问题，也是困扰经济持续发展的潜在障碍和隐患，这是一个国家在经济发展过程中的阶段性约束。这种约束有的来源于这个国家的社会传统文化因素，例如，印度的种姓制度就严重制约了印度收入差距的缩小。当然，收入分配问题也与一些国家不科学的财税制度设计是分不开的。目前，我国政府正在努力采取各种措施去提高税收、财政支出、转移支付再分配的作用效果，同时，通过居民收入倍增计划、精准扶贫以及不断提高直接税比重等措施促进收入分配更加公平，缩小居民收入分配差距。其他金砖国家也在不遗余力地改进低收入人群的收入水平，取得了一定效果，但社会分配不公等问题的解决仍然任重道远。

6.2.2.2　金砖国家税制结构的收入分配效应

在税制结构调节居民收入分配效应的过程中，所得税的调节作用最为明显，尤其是个人所得税发挥了重要作用。个人所得税与社会保障缴费可以提高低收入者的收入，降低高收入者的收入，两者都能发挥收入分配调节作用，但个人所得税的调节功能更强。这是因为社会保障缴费主要是改善居民个人的代际收入，对同代人之间收入分配的调节功能较弱，这由其强制性的特点所决定的。之所以说个人所得税在调节居民收入分配过程中有重要作用，主要是因为占税收大头的货劳税是金砖国家的主要税种，但它却具有明显的累退性，因而税制结构的调节功能主要通过个人所得税来发挥作用。

个人所得税对金砖国家居民收入再分配调节作用如何？本书通过对金砖国家 2003～2015 年基尼系数的变动和个人所得税比重（占税收总收入比重）的变动进行考察来分析。[①] 图 6－1、图 6－2、图 6－3、图 6－4 反映了中国、印度、俄罗斯和南非个人所得税的变动趋势与基尼系数的变动趋势，发现四个被考察国家的税制结构有着明显区别。

第一，从图形和数据上看，中国的基尼系数变化趋势与个人所得税之间变动趋势相关性不明显，整体上来看，有点微弱的同向变动趋势。这说明我国的个人所得税未能有效调节居民收入差距，与前面实证结果一致。

第二，俄罗斯的基尼系数与个税占比反向变动趋势较明显，即随着个人所得税相对地位的升高而基尼系数出现下降。这说明俄罗斯的个人所得税有效调节了居民收入分配。

第三，南非的基尼系数有比较明显的随个人所得税升高而降

---

① 巴西的个人所得税数据缺失较多，在此略去其基尼系数与个税变动关系的分析。

低、随个人所得税降低而升高的反向变动趋势。这说明南非的个人所得税有较好的收入分配调节效果。

第四，印度的基尼系数与个人所得税呈现同向变动关系。这说明印度的个人所得税没能发挥对居民收入分配的调节作用。

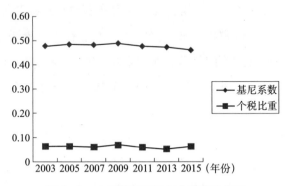

图 6 - 1   中国基尼系数与个税变动关系

资料来源：基尼系数根据表 6 - 9 的数据绘制而成。

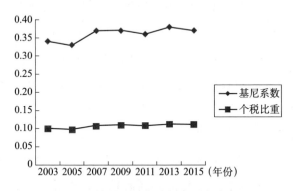

图 6 - 2   印度基尼系数与个税变动关系

资料来源：基尼系数根据表 6 - 9 的数据绘制而成，印度的个税占比根据 OECD 官方网站公布的数据整理而得。

税收制度能否发挥收入分配的作用，或者说多大程度上能调

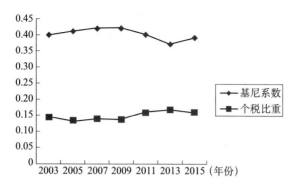

图 6 - 3　俄罗斯基尼系数与个税变动关系

　　资料来源：基尼系数根据表 6 - 9 的数据绘制而成，俄罗斯的个税占比根据 OECD 官方网站公布的数据整理而得。

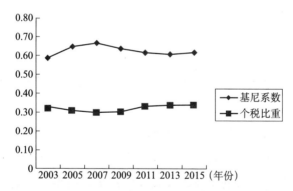

图 6 - 4　南非基尼系数与个税变动关系

　　资料来源：基尼系数根据表 6 - 9 的数据绘制而成，南非的个税占比根据 OECD 官方网站公布的数据整理而得。

节收入分配是由两个因素来决定的：一是税收的规模，二是税制的累进程度。通常，我们认为个人所得税的收入分配效果较好，但如果其规模很小，也很难发挥其收入分配调节功能。从理论上来讲，税收的累进性可以通过对收入分组数据的计算得出，税率

级次的累进性在相当程度上反映了个人所得税的累进性。本书对
金砖国家个人所得税的累进级次和最高边际税率进行了整理，具
体见表 6 – 10。从表 6 – 10 可知，中国是金砖国家中个人所得税累
进级次最多和边际税率最高的，排在第二的是南非，印度和巴西
的情况比较类似，而俄罗斯则选择简单的比例税率。从表 6 – 10 中
我们也可以发现，俄罗斯和南非的个人所得税与基尼系数呈负相
关，而个人所得税的总收入也高于印度和中国。

表 6 – 10 　　　　　金砖国家的个人所得税累进程度

国家	累进级次	最高边际税率（%）
巴西	四级	27.5
中国	七级	45
印度	三级	30
俄罗斯	一级（比例税率）	13
南非	六级	40

资料来源：李昕凝. 金砖国家税制结构变迁、历程、成因及效应研究 [D]. 济南：
山东大学，2016。

　　通过以上对比分析，本书得出如下结论：俄罗斯和南非个人
所得税对收入分配起到一定调节作用，随着个人所得税占比的不
断提高，将十分有利于改善收入分配状况，缩小收入差距；印度
和中国的个人所得税的收入分配效果较差，即使个人所得税占总
税收收入的比重上升，对收入分配的正向调节作用比较有限，没
有明显改善收入差距的效果。我国的个人所得税累进程度较高，
没有起到明显地改善收入分配的效果。俄罗斯的个人所得税累进
程度较低却有效地改善了收入分配。之所以出现这种情况，说明
仅靠税制结构的累进程度还不能决定税制结构的收入分配效果，
个人所得税的规模大小对收入分配效果有着重要影响，税制结构

的调整必须在税制累进程度和规模大小两方面同时发力。

MT 指数是衡量税制结构收入分配效果的更加具体、更加科学的方法，在学术研究中被广泛使用。MT 指数表示税前和税后基尼系数的差，如果为正，则收入分配效果较好，如果差值为负，则起到了逆调节作用。徐建炜（2013）根据我国改革开放前和改革开放后的不同历史阶段，计算了个人所得税的税前和税后基尼系数，计算结果表明，中国个人所得税的 MT 指数为 0.0108。他认为我国的个人所得税整体上有缩小收入分配差距的作用。岳希明（2016）则通过实证分析认为中国的收入分配效应 MT 指数为0.042，但其中的主要贡献来自财政转移支付为 0.028，个人所得税的调节贡献了 0.014。从贡献度看，徐建炜和岳希明对我国个人所得税调节收入差距计算结论相差不大。需要注意的是，岳希明测算的个人所得税实际上是加入了我国的社会保险缴费，并不全是个人所得税，所以他认为社会保险缴费在个人所得税的调节中发挥了主要作用。

通过上述分析可知，从基尼系数与个人所得税的变动趋势的相关性来看，个人所得税的收入分配效应与个人所得税占总税收收入的比重有关，个人所得税规模会影响其收入分配效果。发展中国家所得税收入分配效应没有呈现出统一的典型特点，各个国家税制结构的收入分配效果差别较大。这主要是因为发展中国家所得税占总税收收入比例、累进程度和级距设置差异较大。但有一点可以明确的就是，个人所得税占税收总收入比例越大，相对来说其收入分配效应越强。可以给我们的启示就是，要提升税制结构的收入分配效果，就必须扩大个人所得税的规模，努力提升其在税收中的比重，才有利于发挥个人所得税的收入调节功能。

6.3　我国税制结构现存的问题

税制结构优化是税收理论研究中的永恒话题。一个国家的政治、经济所处的发展阶段会对税制结构产生重要影响。1994 年分税制改革后，我国的税制结构基本成型，经过 20 多年社会经济的飞速发展，我国的社会政治、经济环境发生了天翻地覆的变化，当前的国际政治经济形势也与之前大不相同。尽管我国税制结构也一直处在不断变化过程中，但不尽完善之处逐渐显现，已经不能完全适应当前国内外经济和社会发展形势需要，存在一些亟待解决的问题。根据前面的理论和实证分析，结合国内税制结构演进和税制结构国际比较结果，从税制结构能否促进社会收入分配公平、更好服务经济稳定与发展两方面来探讨当前我国税制结构存在的问题。

6.3.1　税制结构未能更好促进收入分配公平

6.3.1.1　所得税对收入分配差距的正向调节功能有限

随着我国经济发展，家庭的收入渠道越来越多，人们所拥有的财富结构也与以前有了明显不同，在很多时候，家庭之间收入差距的拉大主要不是因为其工资水平的差异所造成的，而是多元化收入渠道引发的。又加之当前我国没有开征遗产税、房地产税和资本利得等可以调节收入分配的重要税种，使得我国目前调节居民收入差距的唯一直接税就是个人所得税。然而，我国的个人所得税又非常不完善，承担不了对收入分配进行有效调节的大任。

其中原因之一是个人所得税占比太低，2016 年我国个人所得税占比只有 7%，影响力甚小。另一个原因是税率结构设计不合理。我国个人所得税中的财产转让所得、特许经营所得、股利红利和偶然所得都是采用比例税率，只有工资薪金、个体经营所得、承包租赁所得实行累进税率。尤其对工资薪金课税共有七级，最高边际税率为 45%，税收征管的不完善使得工薪阶层成为个税的主要负担者。通过前面的实证分析和图 6 - 1 可知，我国个人所得税与基尼系数的变动趋势趋同，未能有效发挥出调节收入分配的作用。当然，本书的分析数据截至 2016 年，2019 年我国开始实行新的《个人所得税法》，提高了免征额，扩大了税前扣除范围，税制的收入分配调节效果必将增强，有待进一步研究。

6.3.1.2　财产税缺位，税收的收入分配功能大打折扣

2016 年，我国财产税占税收总收入的比重为 8%，其中，契税就贡献了其中的 37%，这主要得益于近年来房产市场的火爆。当前，流量收入的差异已不是造成我国居民收入差距不断扩大的主要原因了，其主要原因是收入存量的悬殊造成了财富拥有的差距不断分化和收入分配的恶化，要发挥税收调节收入分配的功能，必须重视财产税对收入分配的调控作用。例如，因为房产税未向普通商品住宅征税，使房产在我国成了许多富裕家庭的投资品，而不是生活消费品，许多富裕阶层拥有多套房产。尤其是近 20 年来，随着房价大幅攀升，城市大规模的拆迁改造，房产自然成了拉大贫富差距的重要因素。同时，遗产税和赠与税的缺失，也不利于促进机会公平、鼓励人民勤劳致富。

6.3.1.3　货劳税有较强的累退性，不利于收入分配的公平

通过前面实证模型分析可知，我国以增值税为代表的货劳税

存在明显的累退性，不利于居民和要素收入分配的合理。我国货劳税几乎涵盖了生活必需品在内的绝大部分商品。生活必需品需求弹性小，也是中低收入家庭的主要消费品，而收入较高家庭其支出用于必需品消费的比例较低，即恩格尔系数较低，他们主要倾向于消费一些高档生活、休闲用品。但是，目前我国消费税对奢侈品课税税率整体偏低，且奢侈品的课税范围窄，我国包括消费税在内的货劳税课征范围偏重于生活资料。另外，我国的货劳税税率结构一般为比例税率，不具有累进性。所以，我国的货劳税更多地被中低收入群体所承担，不能对收入分配差距进行调节，加剧了社会收入分配的不公平。

6.3.1.4　纳税主体不合理，企业缴税占比高，个人缴税占比低

据国家税务总局公布的统计数据显示，我国个人所缴纳的税款总额约占税收收入的6%，而企业所缴纳的税款总额约占税收收入的94%，意味着我国企业缴税占比较高，个人缴税占比较低。而据 OECD 统计数据，发达国家税收收入中，个人缴纳的税款约占24%，企业缴纳的税款约占76%。我国企业缴税占比过高，使企业的经营状况和纳税后的净收益与企业缴纳的税款总额密切相关，不利于纳税遵从和税收征管，间接影响了税负的公平。

6.3.2　税制结构未能充分发挥经济稳定与发展职能

6.3.2.1　主体税种结构失衡，间接税占比高，直接税占比过低

我国税制结构调整的目标应是建立以货劳税和所得税为主的双主体税制结构，但目前我国税收收入中直接税（指所得类税和财产类税等）所占比重平均为 38.36% 左右，间接税（主要指增

值税与消费税等货劳税）所占比重平均为 61.64% 左右，间接税在税收收入中的比重远远大于直接税所占比重，这一比例远超过发达国家。根据 OECD 统计数据，在 2014 年发达国家税收收入中，仅有 33% 左右来源于间接税（货物与劳务税），约有 60% 左右来源于直接税（企业所得税与个人所得税），5.5% 左右来源于财产税。主体税种结构的失衡使得政府税收过度依赖货劳税，税种间的相互补充和协调机制缺乏。当经济下行，企业营收下降，势必直接影响政府税收的组织。财产税和所得税等直接税能灵活调节社会的总需求和总供给，更好地熨平经济周期的波动，具有自动稳定器的功能。主体税制结构的失衡会使整个税制缺乏平抑经济波动和自动稳定器作用。然而，我国所得税和财产税占比过小，使得直接税不能充分发挥对经济的调节功能，对宏观调控多依赖相机抉择的财政政策，不利于更好地促进经济的稳定与发展。

6.3.2.2　以间接税为主的税制结构扭曲市场价格，不利于提高市场配置资源的效率

我国间接税占比约是我国总税收收入的 2/3，其中又以货劳税为主。货劳税为主的税制结构比较容易转嫁税负，通过改变商品和服务的价格来改变国民收入的分配状况，实现收入的转移。在此过程中，减少了居民可支配收入，降低了居民消费能力，压缩了内需市场，扭曲了市场的商品价格形成机制和国民收入分配，降低了市场配置资源的效能。

6.3.2.3　辅助税种设置不利于助推高质量发展

税种的设置有一定的经济功能，主要税种要有助于解决社会经济生活中一些问题和矛盾，但不能把税收当作解决社会经济生

活中问题的主要手段。优化税制结构，不但要正确地选择主体税种，还要选择正确的辅助税种，通过辅助税种补充主体税种调节收入分配等领域中的不足。我国辅助税种的设置主要有以下问题：一是我国现行税种中对生态环境保护的税种较少，2018 年我国出台了环境保护税，一定程度上弥补了这个缺陷，但现行的环境保护税税目设置过于狭窄、税率深度不够、稽查的技术力量不足，严重影响了环境保护税的效果；二是我国资源税主要在生产环节征收，只包含了原油、煤炭等七类资源，征税范围有待拓宽，计税依据不科学，未包括已生产未销售和自用的资源，同时，部分产品采用定量征收，很难反映资源价值，不利于促进资源的合理利用；三是消费税没有将高耗能高污染的行业纳入税目；四是税种重复设置，如车船税与车辆购置税、房产税、城镇土地使用税、契税等房地产类税急需梳理整合。总的来说，我国辅助税种存在"绿化"不足、重复征税的嫌疑，一些税种很难适应新时代社会经济发展需求，亟待完善。

6.3.2.4 税收征收环节不合理，生产流通环节占比高，消费分配环节占比低

我国的间接税占比较高，大约占整个税收收入的 70%，间接税征税的环节主要在生产和流通领域，增值税和消费税就是非常重要的间接税。我国间接税 70% 的占比意味着我国商品和要素的价格之中包含了 70% 的税收收入，因此我国的商品和要素的价格同税收收入高度相关。这种税收制度导致了一些不利影响：一方面，由于中外税制差异使得我国某些商品和要素价格往往高于国际市场价格，不利于企业开展国际竞争；另一方面，商品的价格

与税收制度密切相关，税收中性难以体现，扭曲了市场价格，难以形成正常的价格形成机制。

6.3.2.5 地方税没有独立的主体税种，不利于地方经济发展

按照目前中央税和地方税的划分，尤其是"营改增"全面落实后，中央和地方共享税比例大幅上升，地方政府主要依靠的营业税已不复存在，地方固定的主体税种消失了。现行征收的地方税种基本都是小税种，收入分散，难以形成稳定收入来源体系、提供充足的税收收入。所以，很多地方政府非常依赖"土地财政"和中央政府的转移支付。这一系列问题导致了地方政府在组织财政收入的过程中行为容易失序和偏向，既影响了地方政府的形象，也对地方经济的持续发展和公共服务带来了不好影响。

第7章　促进收入分配公平的
税制结构优化路径

从收入分配公平视角来研究税制结构优化的意义在于提出能改善收入分配的税制结构优化建议。当前，我国税收制度在调节收入分配时面临的突出问题是：一方面，收入分配形势严峻，收入分配差距问题亟待解决，通过税收制度变革，完善税制结构来改善收入分配是社会广泛共识；另一方面，由于税收制度和征管环境的欠缺、不完善，税收政策的实际再分配效果与理论上应具备的再分配功能之间尚存在较大的落差，税收调控弱化问题经常处于舆论的风口浪尖。本章从税制结构完善的总体思路出发，对如何优化我国税制结构进行详细阐述，提出了具有针对性的策略。

7.1　税制结构优化的总体思路

根据我国经济发展形势和收入分配差距现状，税制结构优化的总体思路应以"公平优先、兼顾效率"为基本理念，以构建"双主体"税制结构为基本方向，不断提高所得税占比，适当降低货劳税比重。同时，必须准确把握不同税种在收入分配功能上存在的差异，关注税种在不同区域对收入分配的不同影响，才能在优化税制结构过程中更好地改善收入分配。

7.1.1 以"公平优先、兼顾效率"为税制结构优化的基本理念

优化税制结构，要着力于提升其收入分配效果，关注社会现实，回应社会对收入分配公平的关切。进入新时代以来，我国社会经济面临"三期叠加"等诸多问题困扰，如何保增长、促公平成为政府面临的重要问题。随着世界经济增速的放缓，我国经济也进入新常态，再加之近年来国内要素市场价格不断上涨，抬升了企业运行成本，压缩了企业的利润，使得增税空间剧减。2017年以来，全世界掀起了新一轮的降税减费浪潮，所以优化税制结构还必须思考如何降低企业税负，释放企业发展活力。

公平与效率问题一直以来是经济学讨论的重要问题，两者往往互为代价，在现实的社会实践中很难同时兼得。通过本书第 4 ~ 6 章分析可知，降低增值税等间接税比重、提高个人所得税等直接税比重，能够明显改善税制结构的收入分配效果，尽管可能会带来对效率的损失。近年来，我国努力去实现更加公平的收入分配目标，为此，党和政府不断推出居民收入倍增计划，大规模实施精准扶贫措施，加大了实现收入分配公平的财政支持力度。面对贫富差距较大的社会现实，有时候通过损失部分经济效率改善收入分配是可以接受和理解的。所以，今后我国在进行税制结构优化时应该遵循"公平优先，兼顾效率"的基本理念。

7.1.2 以打造均衡的"双主体"为税制结构优化的基本方向

从我国现实和实证结果分析，当前我国以货劳税为主体的税制结构限制了其收入分配作用的发挥，要构建有利于收入分配公平的税制结构，必须适当提高所得税、降低货劳税占比，通过

"一升一降"逐渐建立货劳税和所得税均衡的双主体税制结构，在此基础上，继续完善财产税，才能更好地促进收入分配。

7.1.2.1 降低货劳税比重，构建与高质量发展相适应的货劳税体系

2018 年，我国税收收入中货劳税收入超过总税收收入的 60%，而一般发达国家的货劳税占比普遍在 50% 以下。从这个意义上说，降低货劳税比重是当前实现减税降费、降低企业运行成本、激发企业创新活力的主要着力点。尽管货劳税容易在流转环节进行转嫁，但目前我国市场竞争激烈，企业税负转嫁能力严重受限。尤其近年来，我国大力倡导创新创业，许多初创公司和高新技术企业人力成本无法进入增值税进项税抵扣范围，限制了企业的创新活力，制约了企业发展。所以，要充分发挥市场机制资源配置的作用，实现高质量发展，现阶段必须降低货劳税占比。要继续简并降低增值税税率，完善抵扣链条，避免重复征税影响减税降费的效果。要加大消费税改革，扩大消费税的征收范围，优化税率，适当提高奢侈品消费和资源耗费型消费行为的税率，加强对非生活必需品消费税的征管力度。

7.1.2.2 逐步提升所得税比重，强化其收入分配功能

提升所得税比重是我国现阶段经济发展的内在要求，也是降低货劳税占比后确保税收总额稳定的必然选择。继续深入推进个人所得税改革，应尽快完善分类与综合相结合的征收制度，加大对资本性收入的课税力度，适当降低劳动所得课税税率，减少税率等级，降低工资薪金课税的最高边际税率，逐步扩大专项支出抵扣范围和力度，以更好促进个人所得税的收入分配效果。改革

企业所得税，主要致力于扩大承担大量就业的中小企业的成本费用扣除项目、范围与比例，加大投资抵免的范围与力度，减轻企业的税收负担，激发企业创新创业活力。同时，规范税收优惠政策，提升税收征管水平，确保减税降费政策落到实处，达到"减税增效，放水养鱼"的政策目的，为提高所得税比重打下坚实的经济基础。

7.1.2.3　完善财产税，适时推出房地产税

随着我国工业化和城镇化的不断推进，市场竞争日益激烈，企业利润和家庭的收入增量在逐渐放缓，社会存量财富大幅增加。我国应逐步改变财产税种少、占比低等财产税缺位的现状，健全现代财产税系，完善税制。在欧美等西方发达国家，房地产税是非常重要的财产税，也是非常重要的地方税种，归地方政府管理。房地产税征收相对简便，有较高的透明度，而且税源充足、税基稳定，也很好地体现了收益原则，成为许多发达国家地方政府首选的主体税种，应用非常普遍。我国应按照"立法先行、充分授权、逐步推进"的基本方略适时推出房地产税，同时探索如何加大对社会存量财富的征税力度，提高财产税在国家税收收入中的比重，避免税收收入向货劳税和所得税的过度集中，促进社会财富和收入分配更加公平。

7.1.3　以构建合理的要素收入分配和区域收入分配机制为着力点

7.1.3.1　税制结构优化须考虑资本和劳动要素的税收结构平衡

通过第 4 章的实证分析，我们发现，货劳税有利于资本要素而

不利于劳动要素，所得税和财产税有利于劳动要素而不利于资本要素，即货劳税不利于居民劳动收入份额的提升，不利于改善收入分配，所得税和财产税则刚好相反。通过第6章对比发达国家的税制结构对初次收入分配结果可知，我国在初次分配阶段并没有形成与西方国家的巨大差异，其基尼系数相差不大。但是，与居民收入分配密切相关的劳动和资本所要承担的税收比例由 2000 年的58∶42，上升至 2015 年的 74∶26，比例的变化显示资本要素税下降了，而劳动要素税在不断增长，进一步挤压了劳动收入份额。[①]我国居民收入主要依赖劳动要素，这种收入来源依赖一定程度上强化了税制结构对居民收入的负向影响。我国居民收入构成中，劳动要素收入占到 75.16% 以上，来自资本要素所得的比重仅为 1.76%，而高收入国家二者比例为 69.34∶9.29，中等收入国家为 68.78∶12.21。[②] 居民收入来源单一的结构成为助推税制结构不利于收入分配的制度温床和环境温床。

所以，在我国税制结构的优化中必须降低对劳动要素的课税，适当加强对资本要素的课税，建立起鼓励劳动的税制结构，使对劳动要素与资本要素的征税充分体现量能原则和公平原则，寻找资本要素和劳动要素收入的最佳平衡点，在未来几年努力将劳动所承担的税收比例降到 70% 以下，以保证主要凭劳动换取收入的中、低收入群体能够共享经济发展的成果，促进整个社会的收入分配公平。这是税制结构优化非常重要的着力点，也是从根本上提升制度公平性的切口。

---

①② 冉美丽. 税收结构影响居民收入分配研究——基于分担共享视角 [D]. 北京：中央财经大学，2016.

7.1.3.2　税制结构优化须考虑对区域收入分配影响的差异性

通过第 4 章和第 5 章的实证研究,表明税收对要素收入分配和居民收入分配存在区域差异。货劳税对居民收入分配表现出较强的逆调节作用,但在东部地区强于中、西部地区。所得税对居民收入分配在西部地区呈现出正向调节,而在东、中部地区逆向调节明显。财产税在东、中、西部均表现出正向调节作用,但在东部地区未通过显著性检验。这说明我国税制结构对区域居民收入分配的影响有一定的异质性,而在要素收入分配领域,税制结构调节收入分配的区域性依然存在。税制结构对区域收入分配的差异性要求税制结构的优化应有针对性的方案。

首先,在东部地区,要特别注重对货劳税的控制,降低货劳税对劳动收入份额的不利影响和对居民收入分配的累退性,同时,改善所得税在东部地区的收入分配效果,强化财产税的收入分配调节力度,以改善税制结构的收入分配效果。

其次,在中部地区,因货劳税进一步降低了劳动收入份额,而对居民收入分配的逆调节作用相对东部有所减弱,应更加注重对要素收入分配的调节,提升对资本要素的税收比例。

最后,在西部地区,所得税和财产税对要素收入分配和居民收入分配的正向调节十分有效,货劳税的逆调节效果与东部地区相比也明显减弱。在下一步的税制结构优化中应继续规范、强化所得税和财产税征管,同时,可适当放宽对货劳税比重提升的控制,以有利于促进西部地区相对落后的经济发展。

税制结构区域收入分配的差异性要求税制改革要增强地方税收的自主权,给予中、西部地区更多的税收优惠,更好地促进中、西部的发展，减少地区差异给税制结构调节收入分配带来的负面作用。

7.2 税制结构优化的具体措施

7.2.1 货劳税的调整与完善

尽管货劳税有较强的逆调节作用，但在我国个人所得税和财产税占比较低的情况下，必须充分重视并发挥货劳税在调节居民收入差距中的重要作用，主要努力方向就是如何减少货劳税的累退性。为实现社会收入分配公平目标，应合理调整增值税和消费税的比例，减少增值税的累退性，同时，继续深化改革消费税，从而使得收入分配更加公平、公正。

7.2.1.1 增值税的优化

增值税作为我国货劳税的第一大税种，课税范围遍及所有货物生产和商品流通，其税负高低对商品价格水平及货劳税的收入分配效果具有决定性的作用。因此，要提升增值税的收入分配效果，必须适当降低增值税税负，使商品价格相应下降，从而提高中低收入者的消费能力，改善其对收入差距的不良感官。本书建议，改善增值税收入分配效果的着眼点应在降低增值税税率。

（1）降低增值税的基本税率。截至 2016 年底，开征了增值税的国家和地区，全世界累计共有 188 个，增值税平均税率为 15.63%。其中，欧盟 27 国的平均税率为 21.46%，金砖国家的平均税率为 15.7%。[1] 尽管和欧洲发达国家比起来，我国 13% 的基本税率并不算高，但与韩国、日本等周围邻国相比，我国增值税基本税率完全有下调空间。亚太周边国家和地区增值税税率普遍偏低且结构单一，如韩国增值税实行 10% 的单一税率，同时对许多公益和文化机构实行免税；柬埔寨、印度尼西亚、老挝、越南的增值税标准税率为 10%；新加坡、泰国的增值税税率为 7%；菲律宾的增值税标准税率为 12%；印度增值税的税率为 12.5%。通过对比周边国家增值税税率，建议下调我国增值税的税率至 12%，降低增值税的基本税率有助于降低消费品价格，缓解国内经济下行压力，释放更大消费活力，保证我国经济的平稳持续增长。

（2）降低生活必需品的适用税率。2016 年 5 月 1 日全面"营改增"后，我国增值税税率分为四档，分别为 17%、13%、10%、6%，税率档次较多。为简并税率，提升征税效率，减轻税负，2019 年 4 月 1 日开始，我国增值税税率调整为 13%、9%、6% 三档，简化了税收档次，同时也降低了税率，一定程度上有助于减轻人们的税负，改善收入分配。但对一些生活必需品、农业初级产品、图书报纸杂志和农业生产资料等涉及老百姓日常生活需求的商品税率仍然有 9%。与其他一些国家和地区相比，税率优惠幅度较小。例如，英国在 20% 的基本税率之外设有 5% 和 0% 两档低税率，其覆盖范围与我国 10% 税率的征税范围大部分重合。法国的增值税对必需品的税率分别为 2.1% 和 5.5%，德国对生活必需品的税率为 7%，印度为 4% 和 1%，越南对生活必需品的增值税

---

[1] 龚辉文. 2011 年全球增值税税率的特点 [N]. 中国税务报，2012 - 5 - 23（42）.

率设有 0% 和 5% 两档低税率。

鉴于对生活必需品课征的增值税具有强烈的累退性，建议将我国的增值税优惠税率继续下调至 5% 左右，以减轻低收入者的税收负担。特别是对粮油、肉禽蛋奶、蔬菜瓜果等生活必需品，由于其需求弹性较小，且生产链条简短，从长期来看，在国家财力可承受的范围内，可以直接给予免税待遇，以大幅减轻低收入阶层的增值税负担，同时，又不会对这些商品的生产部门的分工协作和组织形式带来不利影响。此外，为了切实减轻低收入者的负担，还可以借鉴一些欧洲国家的经验，对部分初级产品实行零税率，即在销售环节免税的同时，允许其抵扣购进生产要素的进项税额，以彻底免除这些产品的增值税负担。

7.2.1.2 消费税的优化

从前面的分析中可以发现，增值税具有明显的累退效应，不利于居民收入分配的改善。而消费税作为货劳税中仅次于增值税的第二大税种，由于存在税制设计得不合理，未能充分发挥其收入分配的作用，也没能承担其改善收入分配的任务。反过来看，这也意味着我国消费税在调节收入分配方面仍然有较大的改进空间。从实现收入分配公平角度出发，完善消费税就应该扩大其征税范围，调整税率结构，提升调节效果。

（1）扩大消费税的课税范围。我国的消费税对奢侈品的征税范围较窄，当前只把类似游艇、高尔夫球及球具和高档手表等纳入了征税范围，还有许多我国消费量较大的一些奢侈品并未列入征税的范围，如高档家具、高档装饰品等，存在明显的调控范围缺位问题。所以，必须根据新的社会经济形势，适当扩大消费税课税范围，将消费税在税收总收入中的比重提高。主要可从以下两个方面扩大课税范围：一是着眼于税基宽广、消费普遍的奢侈性消费品，如高级皮毛制品、高档家电、高档地毯、高档家具等[①]；二是环境奢侈、设备考究的高档休闲娱乐行为，如桑拿、狩猎、酒吧、高档洗浴、夜总会、五星级酒店等。与此同时，随着社会经济发展，应适时取消一些商品的课税，如汽车轮胎、酒精等。

（2）调整税率结构。为提升调节收入分配的效果，按照需求弹性大、税率高的基本原则，建议对消费税的税率结构做以下调整。

首先，应对以下几类消费品和消费行为实行高税率：第一，汽油、柴油等不可再生和替代的资源类产品。随着收入水平的提高，这些产品的消费需求迅速增长，占总收入的比重呈明显上升趋势，提高这类资源产品的税率不仅可以缩小个人收入组之间的收入差距，而且还有助于提高资源的利用效率，促进节能环保，可谓一举两得，公平和效率兼顾；第二，贵重首饰及珠宝玉石。现行5%和10%的两档税率可以适当提高至20%；第三，酒吧、洗浴、餐饮、夜总会、高尔夫球及球具等高档娱乐休闲活动。对这些高档消费品或消费行为设置较高税率，既体现了高消费者多纳税的税收公平原则，对低收入者的生活又不会产生影响。此外，还可以考虑将现行对高尔夫球及球具的课税改为对高尔夫球俱乐部的消费行为课税。

其次，应按照消费对象区别对待的消费品有：卷烟、白酒。

---

① 判断是否高档可以效仿高档手表的课税方式，以价格水平进行划分认定。

烟酒消费收入弹性小，低收入者消费比例较大且为此付出了相对多的收入，因此低收入者成为主要税负者。据测算，我国城镇居民家庭最低收入组烟草类消费承担的消费税税负率为 0.65%，高收入组为 0.41%，最低收入组税负是高收入组税负的 1.6 倍；城镇居民家庭最低收入组酒类消费承担的消费税税率为 0.14%，最高收入组为 0.07%，最低收入组税负是最高收入组税负的 2 倍。[①]现行税制对卷烟设置了高低两档税率，降低了低收入者负担。但白酒则实行统一的 20% 税率，提高了低收入者的税负，影响了收入分配公平的实现。所以，建议将白酒的税率参照卷烟设置高低两档，尤其降低低档白酒和卷烟的税率。

当然，现实生活中消费税的设计不仅要考虑税收的公平，还要兼顾税收的征管和购买力跨国流动等问题。如果提高国内消费税税率，导致课税商品国内外差价较大，将不可避免地驱使国内购买力转移到境外，极大地限制我国高档消费品的市场发展。据调查，中国游客已成为国外奢侈品消费的主力军，购买奢侈品已经成为中国居民出境和商务旅游的必选项目。[②] 因此，消费税制度的选择必须建立在国家对奢侈品行业清晰的发展规划之上。

7.2.2 所得税的调整与完善

在收入分配领域，税收主要通过对居民个人的收入，依据量能负担原则累进课税，来实现社会公平目标。从前面分析可知，

---

① 万莹. 缩小我国居民收入差距的税收政策研究 [M]. 北京：中国社会科学出版社，2013：225.

② 白彦锋. 适当降低税负　把更多的奢侈品消费留在国内 [N]. 中国税务报，2010 - 6 - 23（3）.

我国所得税占税收收入的比重虽然一直在提升，但货劳税仍然占据我国税收总收入的七成左右，其在税收中的主导地位短期内无可替代。发达国家的税制结构演变经验告诉我们，税收中发挥调节收入分配主导作用的是个人所得税。

7.2.2.1　个人所得税的优化

（1）完善综合与分类相结合的税制。2018 年个人所得税改革后，我国初步建立起了分类与综合相结合征收的办法，但仍存在需要改进的地方。税法应将纳税人从各种渠道取得的收入都列入其中，这是需要通过税制的完善才能实现的，因为在税法中很难将纳税人各种名目的收入全部都写出来，列成清单。税法应对有明确费用扣除标准的收入进行综合征收，而对没有费用扣除标准的收入则用分类征收办法，这是健全综合与分类相结合的个人所得税制度必须要完善的内容。通过这种方式不但要实现税负公平，还要保证国家税收的稳定。为保证让收入少的人少纳税，收入多的人多缴税，应该对个人收入来源不同的人实行综合征税，以减少偷税漏税行为，避免国家税收损失的发生。

（2）设置合理的费用扣除标准。2019 年 1 月 1 日正式开始实施的新个人所得税法提升了免征额，从每月 3500 元提升至 5000元，免征额提升幅度较大，但在学术界仍然有不同声音。因为社会经济、政治的不断发展，提升了人民对美好生活的向往度，许多超前及个性化消费方式逐渐被人们认可，人们对生活的要求越来越高，近年来旅游市场火爆就是很好的证明。与此同时，整个社会的物价水平也随着生活水平的提高在不断提高，有人认为税前费用扣除标准应该考虑物价水平。本书认为，税前扣除标准应根据社会形势发展变化而调整，同时，根据物价变化设置免征额自动指数调节机制，改变目前几年一次不定时的调整方式，这种方式已与当前社会发展形势难以适应。

（3）逐步推进以家庭为纳税单位的征收模式。我国新制定的个人所得税法将纳税人的纳税能力、税负能力以及家庭情况列入了考虑范围，但并没有改变以个人为主体的征税方式，纳税申报仍然以个人为单位，实行源泉扣缴法。以个人为主体的纳税方式可能会带来横向的不公平，即相同收入的家庭可能需要纳不同的税，从而对实现整个社会的公平带来一定的负面影响。我国个人所得税的改革方向则是建立以家庭为单位的纳税方式，这更有利于实现横向公平，调节社会收入分配差距。目前，我国家庭收入的信息收集机制不完善，税收征缴的网络化、智能化水平不高，纳税人的自觉纳税意识不强，若现阶段强推以家庭为主体的征税模式，不利于国家更好地组织税收收入，可能会导致大规模的税款流失。所以，本书建议，选取一些经济相对发达的省份进行以家庭为主体的征税方式试点，观察试点效果，在总结试点经验的基础上完善税制，然后逐步在全国范围推广。这种循序渐进的改革方式比较适合我国的国情，既可以保证国家财政收入的稳定，同时减轻家庭税负，有利于实现收入分配的公平。

（4）精简税率级距，维持高收入档的边际税率。首先，简化个人所得税的税率级距。西方发达国家的税率级距经历了由繁到简的发展历程。如今，英国税率级距为三级，日本为五级，美国七级，最高边际税率也呈现下降趋势。而我国现行工资薪金所得税率级数为七级，高低税率相差15倍之多，建议简化为五级。其次，扩大低税率级距的适用范围，维持当前高收入档较高的边际税率。从前面的实证分析可以发现，我国的个人所得税对收入分配呈逆向调节，为提高我国个人所得税的收入分配效应，应维持当前的最高边际税率。尽管当今许多西方国家在降低最高边际税率，但我国居民收入基尼系数一直高企，需要强化对超高收入人群的收入调节力度，加强我国个人所得税的收入分配效应，以改善我国收入分配现状，促进国家长久持续发展。

个人所得税的改革不但关系到整个国家社会经济发展，也与社会收入分配公平息息相关，同时，也关系到社会每一个人和每一个家庭的切身利益，事关全局发展，所以科学合理的个人所得税不但可以改善我国收入分配，还可推动我国税制结构的优化。尽管 2019 年我国的个人所得税得到了进一步完善，但还需要继续健全税制，提高征管水平。

7.2.2.2 企业所得税的优化

21 世纪以来，征收累进性的企业所得税的国家已经不多，大部分国家采用比例税率，再加上我国企业所得税课税的历史传统，今后我国企业所得税在税率形式方面应该还是坚持比例税率。在比例税制下，企业所得税对收入分配的调节主要体现在以下两个方面：一是通过各种税收优惠政策为中低收入者创造更多的就业机会和更好的创业环境，统筹城乡和区域经济发展，促进弱势群体和欠发达地区居民收入的更快增长。二是通过对资本收益的课税，间接调节高收入者的投资收益率。不管企业所得税是由公司资本还是由全部社会资本承担，考虑到低收入者的资本性远远小于高收入者，企业所得税对资本收入进行调节起到了缩小收入差距的作用。

提高低收入者收入、改善收入分配的第一要务就是保障就业和提高就业质量。由此目的出发，结合国家产业和区域经济发展的需要，企业所得税应从以下方面进行优化。

（1）企业所得税应有利于中小企业的发展。制定有利于中小企业发展的税收优惠，充分发挥小企业大就业的作用，解决中低收入群体的就业问题。国际经验数据显示，中小企业通常占企业总数的99%以上，贡献了70%左右的就业岗位。在我国，据国务院发展研究中心测算，从固定资产投资看，国有中小企业仅占用17%的国有资产，吸纳就业量却达到74%，吸纳就业量为大企业的14倍；2016年我国中小企业数量已接近5000万户，占企业总数的99%，创造了65%的国内生产总值，提供了82%的城镇就业岗位，上交了超过五成以上的税收。中小企业容纳了大量就业，成为社会稳定的基石，对改善就业环境、创业环境、缩小收入分配差距有着十分重要的现实意义。所以，对企业所得税的优化主要应从以下方面进行。

首先，进一步降低中小企业尤其是小微企业的法定税率。考虑到中小企业利润较低，可将目前针对该类企业实行的20%企业所得税下调至15%。由于经营状况和税收政策的差异，根据《民营企业500强分析报告》显示，2010～2016年，民营企业500强的平均税负为3.76%，而同期中小企业的税负为4.63%。可见中小企业的税负比大型企业要高。全世界范围来看，英国小企业的税率为21%，比一般企业28%的税率低了1/4；美国总统特朗普上任调后大幅调低了美国企业所得税比率，对小企业最低实行15%的税率，小企业的税率进一步降低；日本对小企业实行22%的优惠税率，比企业所得税30%的基本税率低27%；韩国对小企业实行 13% 的税率，比企业所得税 25% 的基本税率低 40%。无论是从小微企业实际税负的横向比较，还是从法定税率优惠幅度的国际比较，降低小微企业的法定税率都是可行的。

其次，降低中小企业投资风险。一是延长亏损结转时间。允许企业发生经营亏损进行跨年度结转和税前利润补亏，在很大程度上降低了企业的投资风险。按照国际惯例，亏损结转分为向以前年度结转和向后年度结转两种。例如，美国允许企业发生的经营亏损前转 2 年后转 20 年；英国允许企业发生的经营亏损前转 1 年（2008 年金融危机后临时延长至 3 年）后转无期限；印度允许企业发生的经营亏损向后转 8 年。而我国仅允许企业发生的经营亏损后结转 5 年，期限显然偏短，建议延长至 8~10 年。二是考虑到中小企业面临的市场风险更大，建议符合条件的特定中小企业计提投资风险准备金在税前扣除。三是对新办的符合产业政策、区域政策的中小企业实行 1~3 年的定期减免税。

最后，降低中小企业的投资成本。一是结合产业政策对符合条件的中小企业资产允许加速折旧，或者允许在投资第一年直接按资产价值的 50% 计提折旧。二是投资抵免。目前，我国已经对投资于中小高新技术企业的创业投资企业按投资额的 70% 给予投资抵免，在一定程度上支持了中小企业的发展，今后还可以考虑直接给符合条件的中小企业特定投资以税收抵免。三是效法发达国家对中小企业投资者转让中小企业股权所获得的资本利得，再投资于符合条件的中小企业的，给予再投资退税优惠。

（2）加大对农业产业化发展的税收政策支持力度。我国巨大的城乡差距说明提高农民收入对改善收入分配具有重要意义。而在农业内促进农民增收的重点是提高农业的劳动生产率，走农业产业化发展道路。传统农业投入的大多是简单劳动，要达到甚至超过复杂劳动的收入水平，没有产业结构的调整和经营机制的创新是无法实现的。我国修订的企业所得税已经对农业、林、牧、渔业的企业给予全额免税或减半征收的税收优惠，应长期保持。同时，考虑到农业历来在获取信贷资金方面的弱势地位，建议对符合条件的农业信贷的利益收入给予减免税；考虑到农业受气候条件影响较大，建议对开展符合条件涉农保险项目取得收入给予一定减免税。

（3）大力促进欠发达地区的发展。前面的研究显示，我国税制结构存在区域收入分配差异，它会对不同区域居民收入分配产生不同的影响，关注区域经济发展，尤其是关注欠发达地区的发展，对改善我国收入分配状况有着重要作用。以税收优惠来促进落后地区的经济发展是世界各国政府的普遍做法。实证研究表明，资本是导致我国地区间收入差距非常重要的原因，资本均等化对缩小地区收入差距非常重要。因此，有必要以税收形式对贫困地区的投资进行适度倾向。建议维持我国西部大开发税收优惠政策的长期稳定，恢复对老少边穷地区的定期税收减免。

7.2.2.3 适时开征社会保障税

社会保障税对促进社会收入分配有着重要意义，它是政府为建立社会保险体系而形成的一个专门税种，主要目的是为社会筹集保险基金，是社会保险体系的制度基础和财力保障，税收规模的大小决定了社会保险水平。之所以要开征社会保障税，既是因为现代社会保险制度的建立必须要有专门税款作保障，又是因为社会保障税可以弥补保险市场信息不对称带来的逆向选择等道德风险，提高保险市场效率，对改善社会收入分配公平，尤其是改善代际间收入分配公平、促进社会和谐有着重要作用。

　　开征社会保障税既可促进社会收入分配公平，扩大居民消费，同时也可以增加国家的税收收入，具有多重意义。首先，社会保障税属于直接税，开征社会保障税不但提高了税收收入，也提高了直接税占比。根据本书第 6 章分析，世界上绝大部分发达国家和一些发展中国家开征了社会保障税，社会保障税的影响力稳步上升，甚至成了一些国家的主体税种。其次，社会保障税在许多国家呈现的显著特点就是强制性，所有企业雇主都必须为企业雇员缴纳社会保障税，或者由雇员和雇主共同承担，保障了社会保障税来源的稳定，既增加了社会中低收入者的收入，也为社会的安全稳定拉起了一张"安全网"，提高了社会成员，尤其是老年人的抗风险能力。最后，社会保障税也促进了消费和发展方式转变，拉动了内需，十分有利于改善人民的心理预期，增强消费的信心，有助于经济发展。2018 年 3 月全国两会进行了大规模的政府机构改革，合并了国税和地税，同时，明确了社会保险费用统一由税务机关征收，社会保险费用的税收性质进一步明确，也为下一步费改税奠定了基础。

　　从世界主要发达国家和发展中国家的社会保障税开征情况来看，社会保障税作为宏观调控的政策工具对调节收入分配有重要作用。自美国 1935 年开征了社会保障税、建立以专税专用为基础的社会保障收支体系以来，其他国家纷纷效仿。截至目前，在全球范围内已有 140 多个国家建立了社会保障制度，开征社会保障税的国家也已超过了 90 个，且开征范围不断扩大，在财政收入中的比重不断提高。根据 OECD 的报告，该组织成员国社会保障税已由 1965 年的 18% 提升至 2015 年的 27%，德国、日本等已将社会保障税作为其主体税种，其税收占比已跃居首位，社会保障税在英国、美国也已成为第二大税种。根据世界银行的统计数据来看，世界 13 个主要发达国家 1990 ~ 2015 年社会保障税的比重提升了3.2 个百分点。社会保障税能较好地实现收入分配公平职能，这得益于其对纳税人经济效率的负面影响大大低于采用累进税率的所得税，社会保障税能更好地实现公平与社会稳定，所得税在该方面的功能很可能为社会保障税所替代。

我国社会保障税在纳税人、税目、税率等税制要素的设计上应参考国际通行做法，并将其与我国社会保障制度的实际结合起来，做好与现行社会保险缴费进行无缝衔接。纳税人要覆盖全国所有行政事业单位、企业、社会团体及城乡居民。要注重顶层设计，在推出社会保障税同时合并不同类型的社会保障模式，实行全国居民统一的社会保障制度。社会保障税先试行设置基本养老保险、基本医疗保险和失业保险三个最为主要的保险项目，按照循序渐进的原则，待制度逐步完善后将工伤和生育保险纳入税目。短期内，为保证社会保障费改税的稳步转型，可先沿用并维持现有社会保险费的缴费比例，在此基础上，逐步完善社会保障税收制度。

7.2.3　财产税的调整与完善

从长期来看，构建合理的收入分配体系，必须重视完善财产税。从当今世界发达国家的情况来看，税收收入分配功能的发挥主要是通过所得税和财产税来实现。现代财产税是对存量财产的应有收益课税，并以实现财产分配公平为核心目的，也可以说，财产税应以收入分配公平为其核心功能。

7.2.3.1 开征房地产税

房地产税主要是对土地和房产征税，世界许多国家开征了房地产税，如西班牙、美国的财产税主要就是对房产征税；俄罗斯也开征了房地产税；新加坡和日本则开征了不动产税等。李长生（2017）指出，房地产税有三个基本功能：一是财政收入功能，也就是说，房地产税是政府非常重要的财政收入来源；二是收入分配功能，即房地产税可以缩小收入分配差距，改善收入分配；三是宏观调控作用，即通过房地产税调节房价，促进房产市场健康发展。根据我国经济发展现状和形势，我国应该将实现房地产税的收入分配功能放在重要位置，掌握时机，从以下几个方面着手适时开征房地产税。

（1）明确房地产税调节收入分配差距的功能定位。房地产税应该主要在房产的保有环节进行征税，也即是对存量房产进行征税，通过房地产税可以实现收入再分配，缩小社会财富拥有差距，促进社会公平；同时，房地产税具有不可转嫁的特点，属于直接税，科学合理的设计，可以起到非常好的财富调节作用，促进社会公平。开征房地产税，改革现有的房产税就是要将征税范围扩展至普通住宅，聚焦于保有环节，可以很好地发挥其收入分配调节功能：一是合理设置税率，参照个人所得税，房地产税比较适合实行超额累进税制，高档别墅、豪华住宅税负越高，普通住宅税率越低。重庆房产税试点时就是采取这种差别化的累进税率。二是科学设置纳税范围，现阶段只适合在城市开征房地产税，农村存量房应暂缓纳入，农村居民收入较低，暂缓纳入征税范围有利于缩小城乡收入差距。三是规范税收用途，房地产税的主要收入用于改善城乡居民住房条件，可将这部分收入大量用于廉租房、公租房、保障房建设，改善低收入者的住房条件，有效促进收入公平。

（2）开征房地产税的路径设计。一是立法先行，充分讨论。"稳妥推进房地产税立法"是在 2018 年两会时政府工作报告对房地产立法的基本表述，这说明房地产税的立法要谨慎行事，必须考虑到当前我国的国情和政治经济形势，必须对房地产税进行科学合理的论证，既要有充分的理论依据，也要有现实的可行性，并符合国家的基本立法程序。首先，要让老百姓对房地产税有所了解，可通过各种媒体报道房地产税开征的基本情况，让广大人民理解政府立法初衷，减少社会的抵触情绪。其次，在全社会展开充分讨论，探讨税收实施细则，让百姓了解税收原理及课税的计征方法，可以提醒居民改变资产配置，进行预期管理，提高要素配置效率。最后，加强税收征管人员的业务培训，制定业务考核方案，储备相关征管人才，为正式开征打好基础。

二是充分授权，地方自主征收。我国幅员辽阔，社会经济发展差异巨大，不同区域的社会经济发展水平、人口结构和公共服务水平差异巨大，房产和土地价值差异较大，房地产税实行"一刀切"，统一由中央统筹，可能会使得税收负担不一，带来新的税收不公平。所以，在房地产税的立法方面，全国人大应该充分做好顶层设计，制定税法框架，规定税率上限和征税标准；在吸收全国各地意见和充分讨论的基础上，充分授权各省、自治区根据当地实际情况，自行制定实施细则，给予其一定立法空间，以适应各区域的实际情况，提高税收的公平性。

三是分步推进，因地制宜。不同城市其房产地产市场形势差别较大，不同城市其地方财政收入和公共服务的供给也差异较大，何时开征房地产税必须要根据不同城市的情况而定。首先，条件成熟的城市先行征收，积累征管经验，条件缺乏和征管落后的城市可延缓执行，待先行城市积累经验后再行开征。其次，不同城市要有充分的自主选择权。最后，不同地区要制定不同的征收策略，以适应不同地区的实际需要。

四是财税整合，持续发展。房地产税要改变现行房产税重流转轻保有的现状，逐步转向重保有轻流转，加强对保有环节的税收征管，实现量能赋税，确保税负公平。首先，要消除房地产税的重复征缴，全面清理房地产在开发、流转、保有各环节税收，清除重复征缴的税种，避免加重税负。其次，要改革土地增值税，将原来的累进税率改为比例税率，同时，注重落实减税降费，有效降低镶嵌在开发环节的税负。最后，想方设法降低土地出让金的总量，使土地出让金与每年所缴的房地产税现值基本相等。

总之，如何实现房产和土地保有环节税负的横向公平和纵向公平是开征房地产税必须要考虑的问题，房地产税既要实现对高收入家庭保有房产的调节，又要保障中低收入家庭在购置和保有房产时不增加过多的税收负担，既要实现对财富和收入富有者的多征多缴目标，又要避免其因房产带来过度的税收负担，以致陷入无钱纳税的尴尬境地，最终目标之一就是缩小社会收入差距，实现社会收入分配相对公平。

7.2.3.2　适时开征遗产税

遗产税是对财产所有人死亡时转移给他人的财产所课征的一种

财产税。理论上，征收遗产税对防止社会财富过分集中，避免贫富两极分化，补充个人所得税对收入分配调节的不足，增加政府和社会公益事业的财力，鼓励勤劳致富、限制不劳而获等具有积极意义。特别是从收入差距的代际传递角度来看，通过征收遗产税，可以降低高收入者为其子女提供的机会和保护，降低竞争起点上的不平等，对降低代际收入弹性、提高代际收入流动有着长远影响，有利于实现社会收入分配公平。实际征收时，由于遗产税设置较高的免税额和扣除额，并实行累进税率，遗产税的累进程度比个人所得税还高。尽管近年来随着新一轮减税浪潮来临，全世界许多国家降低甚至取消了遗产税，但在我国开征遗产税仍有一定的社会现实意义。

凯恩斯谈到税收如何消除社会财富分配不公平时也主张征收高额遗传税，认为遗产税固然有增加社会消费倾向之功效，但当消费增加时，在一般情形下，投资引诱也同时增加。可见，遗产税不仅有助于改善收入分配，还能够促进经济增长。改革开放以来，我国居民收入水平不断提高，收入分配差距也随之扩大，力主对我国开征遗产税的呼声日渐增多，但与此同时，持反对现阶段开征遗产税观点的人也不在少数，两方之间展开了激烈的争论。

遗产税在一些西方发达国家已运行多年，有非常丰富的实践经验。我国遗产税的设计要立足国情，同时充分借鉴西方发达国家的经验。

第一，由于我国的个人或家庭财产的登记制度不完善，政府没有掌握相关财产数据，同时公民的纳税意识还有待提高，所以我国遗产税的开征应充分调研，循序渐进，采取由点到面、逐步扩大的方法，可以先考虑将容易统计和掌握的不动产，例如，房子和车子纳入征税范围，然后视情况逐步推广到无形资产、金融资产等领域。

第二，遗产税作为调节收入分配的一种手段，应采取超额累进税率，因为是一次性征税，并不会带来征管难度。但是，最高档的边际税率不宜制定得过高，否则容易强化避税动机，引发社会抵触情绪和资产外流，适当的最高边际税率可以提高税收的遵从度。德国的遗产税根据遗赠人与继承人的亲疏关系实行了差别化的税率，这种做法有一定的可取性，可以作为我国未来遗产税征管的经验借鉴。

第三，大额财产的遗赠是遗产税征管的重点，而普通家庭的财富积累应该得到鼓励和支持，不适合开征遗产税。因此，要适当提高遗产税的免征额，征税面应相对收窄，不能将普通中产家庭纳入遗产税的征税范围。

第四，要设置相关优惠政策，根据国家相关法律规定，要对一些领域进行遗产税减免，比如说丧葬费用、社会公益和慈善捐赠等项目应纳入税收优惠范畴。

第五，遗产税和赠与税相生相伴，我国如开征遗产税，自然应该同时开征赠与税，也可以两税合并，提高税收的遵从度。

第六，遗产税涉及家庭的财产，需要加快完善国家对家庭财产信息系统建设，实现税务、工商、财政、社保等多部门联动，数据共享，为遗产税的开征打下坚实的基础。

综上所述，无论从世界税制改革的大趋势，还是从我国财产登记、财产评估、纳税意识等具体征管条件来看，我国遗产税的开征只是时间问题，但是一定要结合征管条件分析其现实可行性和具体时机选择。那么何时是开征遗产税的最佳时机呢？笔者认为，至少须等到我国建立起以家庭为单位综合课征的个人所得税后。毋庸置疑，遗产税课征的难度远远超过个人所得税，如果对一个家庭或一个人的一年所得我们都不能有效评估和监控，又怎么能对一个家庭在几十年之内通过各种方式积累的财富进行较为准确的评估？结果可想而知。

7.3　推进其他配套措施的完善

税收调节收入分配的最终结果不仅取决于各税种的具体制度设计，也受制于税收法治化的实现程度。相应的，从实现收入分配公平的角度来谈税制调控体系的建设，应该从以下两条基本思路着手：一是改革税制，通过税种调整和税制结构优化来提升其收入分配效果；二是加强监管，立足既定税制体系，通过提高税收征管质量和效率，以落实其收入分配的调节功能。其中，前者是制度基础，后者是技术保障，两者缺一不可。只有不断完善征管条件，提升征管水平，同时，将税制结构优化与我国的税收实际结合起来，才能真正实现税收公平，促进收入分配公平。

税收征管对收入分配的影响并不是单向的，两者之间存在着相互影响。一方面，税收征管不力可能导致税负不公，从而加剧收入分配的不公平；另一方面，税前收入差距的日益扩大强化了逃税的动机，从而降低税收征管的有效性。相反，严密的税收征管将有助于促进税负公平，从而缩小税后收入差距，而更小的收入差距又将减少逃税的倾向，营造更加和谐的征管环境。因此，加强税收征管对于构建缩小收入差距的税收调控体系非常重要。

7.3.1 建立第三方信息披露制度

在以纳税人自行申报为基础的现代征管模式下，税收征管的最大风险源自征纳双方关于纳税人涉税信息的不对称。近年来，我国利用大数据技术逐步完善了对纳税人涉税信息的收集，但我国税务机关获取涉税信息的主要途径还是依靠纳税人自觉提供涉税信息，没有彻底摆脱纳税人提交的各种报表，寄希望于通过纳税人自己来监管自己，较少从各种渠道对税源信息进行交叉综合稽核，所以要提高税收征管质量在现实的运行过程中有较高的难度。如何提高税务机关获取涉税信息的能力，是今后我国税收征管改革的主攻方向。

目前，欧美主要国家的第三方信息披露制度已经建立得比较系统、比较完善了，实现了把来自与纳税人应税行为有关的第三方信息的采集和使用作为现代征管主要手段的目标，其主要应用在税源分析、进行风险管理等领域。第三方信息报告的内容一般包括支付工资、薪金、股息、利息等信息，有些国家还包括支付租金、劳务报酬、转让股份和无形资产、销售不动产等信息。提供信息的第三方不仅包括支付方，有时也包括收受方，如美国为防止纳税人申报所得税时多列支出，要求发放贷款的金融机构报告从每个借款人那里收取到的 600 美元以上的住房抵押贷款利息和学生教育贷款利息。为了便于计算机自动识别汇总比对，第三方信息的报告方式一般要求采用电子方式，这样不仅减轻了税务机关录入这些信息的工作量，也确保了信息的准确性。通过将第三方申报信息对比，判别纳税人的遵从程度，并根据遵从程度采取相应的管理措施。此外，有的国家还针对不同类别的款项支付设计了不同的特定报表，这些报表不仅交给了税务机关，也交给本人，为其填写纳税申报表提供了便利。

我国现行的《税收征收管理法》第六条规定，纳税人、扣缴义务人和其他有关单位应按照国家有关规定如实向税务机关提供与纳税和代扣代缴有关信息。但这一规定过于原则，缺乏操作性，特别责任追究条款缺乏，导致税务机关难以实质获取第三方配合，直接影响税务机关征管能力的提升。一些掌握涉税信息的单位和个人，以各种理由甚至以保护隐私为借口拒绝提供相关信息。《税收征收管理法》第十五条规定，工商行政部门应当将办理登记注册、核发营业执照的情况定期向税务机关通报。但对于通报方式却没有明确规定，致使实际执行结果不甚理想。

第三方信息除了来自掌握税源信息的交易方外，有相当一部分来自对各项经济活动负有审批、监督职能的政府机构。随着税收管理改革的深入，人们越来越强烈地意识到，加强税收征管绝不能只凭税务部门的一家之力，急需依托电子政务，建立政府各部门之间信息交换和共享机制，为税务机关多渠道收集涉税信息创造条件。

据此，根据发达国家经验，我国应逐步建立健全系统化的第三方信息披露制度。建议在税收征管中将负有税收报告义务的政府部门范围扩大到房产、国土、建设、水利、统计、审计、交通、外贸、民政、教育等相关部门，将负有税收报告义务的非政府单位范围扩大到重要涉税活动的所有交易关联方，并采取列举方式，对税收报告主体信息报告的具体内容、报告方式以及应承担的法律责任做出明确的义务性规定，增强法律的可操作性。同时，以大数据、互联网为依托，统一第三方信息的格式和接口，开发计算机化的信息比对系统，提高信息处理和使用的效率。

7.3.2 加强税收信用制度建设，完善个人收入信息体系

2016 年，为驱动健全社会信用体系，国家发改委、最高人民法院、国家税务总局等 44 个部门联合签署了《关于对失信被执行人实施联合惩戒的合作备忘录》。这一政策目的在于让失信者寸步难行，让守信者一路畅通。在信用评估体系的建设过程中我国已取得了较大成绩，但与西方发达国家相比还有较大差距，尤其是纳税人的纳税信息还未介入征信系统，对于我国建立征信国家的努力形成了一定的困难。西方国家开展税收信息体系建设较早，目前已将税收信用纳入投资、消费、税收优惠等领域，税收信用体系促进了社会公平正义。长期以来，我国民众纳税意识较为淡薄，逃税成本较低，将涉税信息纳入征信评价体系，有助于纳税人积极主动申报应纳税款。对于高收入阶层要考虑将税收信用作为其进入行业投资非常重要的评估依据，因为其拥有许多非工资性收入，通过这种方式可以减少其逃税行为的发生。而对于普通大众来说，主要是通过税务信息系统及时掌握其收入情况，避免收入费用化，同时，加强发票信息化管理，规范发票开具和财务报销行为。

建立健全纳税人收入信息体系，推进税务征管的信息化是完善个人收入信息体系的首要任务。为实现这一目标，本书认为主要从四个方面着手：首先，建立纳税人识别号制度。纳税人识别号是纳税人在税务缴纳过程中唯一的身份识别号，识别号要广泛运用于纳税人的各项经济活动，严格凭证办理。利用互联网将识

别号链入税务信息系统，以识别号为纽带将纳税人的各类涉税信息自动汇总，并与社会信用体系对接。其次，依托第三方信息报告制度和政府部门信息共享制度，完善个人财产登记制度，完善个人收入和财产信息体系，提高个人收入和财产的透明度，提高收入遵从度。再次，推广金融账户实名制，健全现代支付结算系统，鼓励非现金和公务卡支付，推广并规范各类移动支付消费，加强现金管理，严格实施《中华人民共和国反洗钱法》。最后，不断深化个人非货币收入的计税价格评估和管理，全面推广薪酬支付工资化、货币化、电子化。

7.3.3 利用大数据技术提升税收征管能力和法治化水平

税收公平分为立法公平和执法公平。当前，我国税收征管的法治化水平还有较大提升空间，在税收征管中的执法不公、选择性执法等问题还比较突出，严重影响了税收公平。

较低的税收法治化水平直接影响了税收调节收入分配的效果，也不利于培养国民纳税习惯和纳税意识。公平纳税意识的提升很难通过税法宣传实现，应与平时的税收征管行为相结合，建立起国民正确的纳税观念必须严格税收执法，这才是提高纳税意识的最好办法。所以，要建立公民较高的纳税意识，必须要高度重视税收的法治化。

云技术和大数据技术的不断进步，为税收的征管能力和法治化水平的提升提供了新的可能。在税收的征管过程中，必须不断强化税收的信息化、数据化、网络化征管，全面改革税收的征管方式。因此，必须在优化业务流程、加强信息管税和人员培训的基础上，融入信息化网络化思维，更新税收管理理念，尽快改善按计划任务征税。这当然不是说要取消税收计划，关键是如何排除行政干预、更加科学、客观、公正地制定税收计划，以及如何理性地看待税收计划和补齐税款的缺口，利用大数据技术辅助解决好按计划任务征税和依法征税之间的矛盾。

第8章 结论与展望

收入分配是否公平是社会是否公平的重要判断标准，收入分配的公平也是整个国家政治稳定、经济持续发展的前提。收入分配的公平很难通过市场经济自动运行来实现，即使在法治化程度高、市场机制成熟的欧美等发达国家，也可能会产生让人难以接受的巨大的社会收入差距。因此，建立公平的收入分配机制是现代市场经济国家的一项重要任务，也是衡量一个国家发达程度的重要标准。

调节收入分配、建立国家合理的收入分配体系是任何一个现代国家必须要考虑的问题。作为国家收入分配体系的一部分，税收制度长期以来扮演了非常重要的角色，成为诸多国家宏观调控的重要手段，而其发挥收入分配调节功能的核心内容则是设置合理的税制结构。在我国改革开放40多年的发展历程中，形成了以货劳税为主的税制结构模式，在社会主义的经济建设中发挥了巨大作用。但不可否认，我国的税制结构还存在诸多问题，尤其是在收入分配领域效果不佳。根据前面税制结构对收入分配的理论和实证分析，通过对西方发达国家和发展中国家的税制结构比较，发现我国税制结构的收入分配整体效果较差，具体结论如下。

第一，货劳税逆调节显著，拉大了收入分配差距。货劳税是我国第一大税类，通过前面实证模型分析，我们可以发现，货劳税是我国影响收入分配效果的主要因素，尤其是增值税，存在明显的累退性。我国货劳税几乎涵盖了包含生活必需品在内的绝大部分商品，生活必需品需求弹性小，低收入人群是其主要消费者，而高收入阶层主要消费的是高档商品，我国的货劳税主要对生活资料课税多，对奢侈品课税较少，且税率偏低。另外，我国的货劳税税率为比例税率，不具累进性。所以，我国的货劳税更多地被中低收入群体所承担，不能对收入分配差距进行调节，加剧了社会收入分配的不公平。从具体税种来看，增值税对居民收入的基尼系数影响为正，扩大了收入分配差距。营业税对居民收入的基尼系数影响为负，有利于改善收入分配。在我国全面实施"营改增"后，我们必须对增值税逆调节作用引起高度重视，逐步降低增值税比重和税率，以减轻其对收入分配的负面影响。消费税对基尼系数的影响为负，有利于降低居民收入分配差距，改善收入分配。由此可进一步扩大消费税的征税范围，提高对特殊消费领域（奢侈品，高污染、高耗能行业）的税率，充分发挥其收入分配的功能。从区域分析来看，增值税在经济较发达的东部地区逆向调节作用强于经济相对落后的中、西部地区。营业税和消费税则对居民收入分配有正向调节作用，可不同程度地改善各区域的居民收入分配状况，但调节效力较弱，线性和非线性分析结果趋势不一，有待参考其他因素做更深入的研究。

第二，所得税没有发挥应有的作用，其收入分配功能亟待提升。随着我国经济发展，工资收入的差距已不再是人们收入差距产生的主要原因，这是因为家庭拥有的财产结构在急剧改变，收入来源渠道越来越多。尽管社会经济环境发生了巨大变化，但是我国税收制度未能与时俱进，如遗产税、房产税、资本利得等重要税种长期缺位，政府用来直接调节居民收入差距的税种只有个人所得税。但是我国个人所得税长期存在许多不合理的地方（尤其是在 2019 年以前），就目前看来，收入分配调节的重任，个人所得税难以承担，主要有三方面的原因：一是个人所得税占比太低，2016 年我国个人所得税占比只有 7%，影响力甚小。二是税率结构设计不科学。税目中实行累进税率的只有工资薪金、个体经营所得、承包租赁所得，其他包括财产转让所得、特许经营所得、股利红利和偶然所得均是比例税率，工薪阶层成为个税的主要负担者。三是个税仍是以个人为单位征税，未能综合反映家庭收入情况，不利于实现横向公平。

第三，财产税体系不完善，影响了其收入分配功能的发挥。当前，收入流量已不能决定我国居民的收入差距，决定不同群体收入差距的主要因素是收入存量的悬殊，所以，财产税应该在对收入分配的调节中发挥重要作用。但是，我国财产税种类极少，西方国家常用的房产税、遗产税和赠与税等财产税在我国长期缺位，并未实际开征，严重影响了税收对收入分配的调节，影响了社会收入分配的公平。在此情况下，国内富裕阶层大量购置房产，住房演变成了重要的投资品，尤其是近 20 年来，随着房价大幅攀升，城市大规模的拆迁改造，房产拥有者的资产价值不断上涨，成为拉大贫富差距的重要因素。遗产税和赠与税的缺失，更是加剧了房产拥有差异所带来的收入差距，也不利于促进机会公平、鼓励人民勤劳致富。

第四，企业缴税占比高，个人缴税占比低，直接影响了收入分配的调节效果。据国家税务总局公布的统计数据显示，我国个人所缴纳的税款总额约占税收收入的 6%，而企业所缴纳的税款总额约占税收收入的 94%，意味着我国企业缴税占比较高，个人缴税占比较低。而西方发达国家个人所得税之所以能发挥较大的收入分配作用，主要是因为其所得税，尤其是个人所得税占据税收收入比例较高，通过超额累进税率，有效地改善了收入分配，加之发达国家的收入监控体系健全，其收入分配功能相对较强。

鉴于当前我国税制结构在收入分配过程中的作用有限，要加强其收入分配调节功能，必然要对税制结构进行调整，进行适当的改革，以适应我国经济形势发展的需要，因此，提出了如下政策建议。

首先，要通过税制改革适当降低货物和劳务税比重，构建与高质量发展相适应的货物和劳务税体系。降低货物和劳务税比重是实施减税降费、实现高质量发展、降低企业运行成本、激发企业创新活力的主要着力点。近年来，我国大力倡导创新创业，许多初创公司和高新技术企业人力成本无法进入增值税进项税额抵扣范围，制约了企业的创新与发展。因此，建议继续简并、降低增值税税率，完善抵扣链条，避免重复征税影响减税降费的效果；持续推进消费税改革，扩大消费税的征收范围，优化税率，适当提高奢侈品消费和资源耗费型消费行为的税率，加强对非生活必需品消费税的征管。

其次，要逐步提升所得税比重，不断加强其收入分配功能。提升所得税比重是我国现阶段经济发展的内在要求，也是降低货物和劳务税比重后确保税收财政收入功能的必然选择。在个人所得税方面，应继续完善分类与综合相结合的征收制度，加大对资本收入的课税力度，适当降低劳动收入所得税率，减少税率等级，维持超高收入者的最高边际税率，逐步扩大专项支出抵扣范围和力度。企业所得税方面，应主要着眼于扩大中小企业的成本费用扣除项目、范围与比例，加大投资抵免的范围与力度，激发企业创新创业活力；规范税收优惠政策，提升税收征管水平，确保减税降费政策落到实处，达到"减税增效，放水养鱼"的政策目的。

最后，要注重财产税在收入分配调节过程中的重要作用。根据我国税制改革的安排，应按照"立法先行、充分授权、逐步推进"的基本方略适时推出房地产税。在过去的 20 年中，我国国民财富大幅增长，房屋产值占了非常重要的地位，探索如何加大对社会存量财富的征税力度，提高财产税在国家税收收入中的比重，开征房地产税是非常重要的发展方向，既可以避免税收收入向货物和劳务税和所得税的过度集中，又可以促进社会财富和收入分配更加公平。

总的来说，我国税制结构优化的总体思路应是不断提高所得税占比，适当降低货劳税比重，构建所得税和货劳税均衡的双主体税制结构。同时，必须准确把握不同税种的收入分配功能的差异，才能在优化税制结构过程中更好地改善收入分配。

回顾过去，自改革开放以来，我国居民收入差距的持续、全方位扩大，虽然最近 10 年略有缩小，但依然处于要引起政府重视的高警戒水平。党的十八大以来，共同富裕理念不断强化，让全体人民共享改革开放成果的决心不断增强，党和政府多次强调要完善收入分配机制，促进收入分配公平。党的十九大以来，更是对收入分配制度改革的具体内容进行了再次明确，概括说就是"提低、扩中、调高、打非"，即提高低收入者收入水平、扩大中等收入者比重、调节过高收入、取缔非法收入。这表明，我国收入分配制度改革的目标是形成低收入和高收入相对较少、中等收入占绝大多数的橄榄型收入分配结构。橄榄型收入分配结构是公认的最理想的、最稳定的收入分配结构。可见，在宏观政策层面上，党和政府非常看重税收政策的收入分配功能。但在微观层面上，财税界的专家学者对税收政策收入分配调节功能存在两种不同的态度：一是针对我国收入差距过大的现状，对税收调节寄予厚望，希望通过税收政策的调整、税制结构的完善切实减轻低收入者、提高高收入者的税负；二是对现行税收制度与征管中的一些弊端和问题，对税收调节的信心不足，对税收政策的收入分配功能有所置疑。但不论人们对我国现行税收政策调节收入分配的实际效果持何种态度，税收政策都是收入分配领域一个绕不开的话题。

本书希望通过研究能达到三个主要目的。第一个目的是从理论和实践两个方面探究如何来正确看待税收的收入分配功能。由于税收制度自身的局限性以及收入分配差距原因的复杂性，在重视税收政策调节作用的同时，又不能过分倚重该手段，任意夸大税收对收入分配的调节作用。一方面，受其自身调节特点的限制，税收对收入的调控作用主要体现在调节过高收入，而提高低收入者收入水平主要靠加大财政补贴和完善社会保障，扩大中等收入者比重主要靠扫除体制障碍、创造平等就业、致富的法治环境，至于取缔非法收入更是税收手段鞭长莫及的。另一方面，初次分配的不合理也是造成我国居民收入差距较大的重要原因，导致了许多收入分配问题（如限制灰色收入、隐形收入、打破行政垄断、规范收入分配秩序等），超出了税收有效调控的范围，不是仅靠税收调节就可以解决的。在市场经济条件下，初次分配是社会收入分配中的基础性分配，地区、部门、行业之间巨大的收入差距也是在初次分配环节形成的。而税收政策主要侧重于国民收入再分配的调节，它是以初次分配相对规范为基础的。收入来源的多元化、收入形式的多样化，收入分配规则不明确、收入分配结果不透明，都将导致税收对收入分配的监管和调节缺乏有效的着力点。期望以税收再分配来矫正初次分配的不公正，必然收效甚微。

因此，针对我国经济转型收入分配格局形成的特殊性，完善市场经济体制，改革行政管理体制，健全法制，规范市场秩序，从结构上规范居民收入形成的方式和渠道，推进薪酬支付工资化、货币化，提高收入透明度。根据此，税收调节的重点应侧重于收入再分配领域，对在公平竞争过程中因要素禀赋或机遇差异形成的高收入群体合法、正当、货币收入差距加以调节。

本书研究要达到的第二个目的，是对我国各主要税类、税种的收入分配效果进行理论和实证分析。即使在税收政策的有效调节范围之内，税收政策的最终结果不仅取决于各税种的具体制度安排，还受到诸多外部因素的制约，一般来说，税收政策能否成功发挥调节收入分配的功能取决于以下三个条件：一是税收收入的规模是否足够大，大到足以影响人们的收入格局；二是税收负担的分布是否可以保证实现税制设计的初衷；三是税收征管效率能否保证税制设计的初衷得以贯彻落实。若第一个条件不满足，那么希望通过税收调节达到缩小收入差距的美好愿望将注定落空。若第二个条件不满足，那么税收政策的结果必将偏离其预定目标。若第三个条件不满足，那么税收政策的调节效果必将大打折扣。

本书研究要达到的第三个目的，是对提升我国税制结构收入分配功能提出有用的政策建议。本书主要遵循以下两条思路来构建促进收入分配公平的税收调控体系：一是税制改革，强化税制结构的收入分配调节功能是优化税制结构重要目的。具体包括改革个人所得税的税制模式和税前费用扣除标准，同时，降低货劳税、提高所得税比重；立足扩大低收入者的就业机会和质量，统筹城乡和区域经济发展，改革企业所得税制；降低货劳税的总体税负，调整课税范围和税率结构；适时开征社保税，从征税范围和课税依据等方面改革房地产税。二是加强征管，强化税收的收入分配调节功能，不断提高税收征管质量和效率。借鉴发达国家税制结构的演变历史和当前发展中国家普遍运用的税制结构模式，提出建立以所得税和货劳税为主的双主体税制结构，适时开征房产税、社会保障税，逐步建立以家庭为单位综合课征的个税体系，不断加强税收调控体系建设，提升税收调控收入分配的效果。

展望未来，由于我国居民收入分配问题的形成和发展有着极其深刻的历史和社会背景，决定了解决我国收入分配问题措施的复杂性和多样性。要真正缓解和解决收入差距过大问题，需要经过长期的努力。政府首先要解决的是如何完善市场机制并使其顺畅运行，然后再着手调节规范市场机制下的收入分配问题。继续深入推进市场化改革，努力创建公平、公正、公开的市场环境，大力革除行政垄断、强化权力约束、规范隐形收入、取缔非法收入，理顺资源价格形成机制，完善要素市场，特别是培育和健全劳动力市场，消除劳动力流动的种种障碍，逐步实现基本公共服务均等化，为人们创造一个平等竞争的体制机制。唯有如此，才能够为税收制度调节收入分配提供有力的支撑，充分释放税收政策调节收入分配的潜能。任何时候，当我们希望借助税收手段来调节收入分配时，都不能忽视这一点。

参考文献

［1］安体富．优化税制结构：逐步提高直接税比重［J］．财政研究，2015（2）：42－44．

［2］安体富．中国中长期税制改革研究［J］．经济研究参考，2010（46）：1－72．

［3］白景明，何平．我国居民增值税和营业税税负分析［J］．价格理论与实践，2015（2）：12－16．

［4］白彦锋．第三次分配与我国和谐社会的构建［J］．税务研究，2008（1）：14－17．

［5］白彦锋．适当降低税负把更多奢侈品消费留在国内［N］.中国税务报，2010－6－23（3）．

［6］白重恩，钱震杰．我国资本收入份额的影响因素及变化原因分析——基于省际面板数据的研究［J］．清华大学学报（哲学社会科学版），2009（4）：137－141．

［7］布坎南．公共财政［M］．北京：中国财政经济出版社，1991：53．

［8］财政部科研所课题组．我国居民收入分配状况及财税调节政策［J］．税务研究，2003（2）：2－9．

［9］曹立瀛．西方财政理论与政策［M］．北京：中国财政经济出版社，1995：210－211．

［10］陈刚，李树．中国的腐败、收入分配和收入差距［J］．经济科学，2010（2）：55－68.

［11］陈建东，高远．我国行业间收入差距分析——基于基尼系数分解的视角［J］．财政研究，2012（4）：25－30.

［12］陈建国．基于效用分析的遗产税设计初探［J］．生产力研究，2010（4）：97－100.

［13］陈志循．税收制度国际比较研究［M］．北京：经济科学出版社，2000：155－182.

［14］陈宗胜，周云波．非法、非正常收入对居民收入差别的影响及其经济学解释［J］．经济研究，2011（4）：14－124.

［15］崔军，朱志刚．构建有利于调节居民收入差距的直接税体系［J］．中国财政，2012（9）：42－43.

［16］崔军．基于"调高""提低"目标的我国直接税体系建设［J］．财贸经济，2011（6）：38－43.

［17］崔志坤．个人所得税制改革整体性推进［M］．北京：经济科学出版社，2015：132.

［18］邓子基．税种结构研究［M］．北京：中国税务出版社，1999：97－112.

［19］丁胜．2011年城镇居民收入分配状况［M］．北京：经济科学出版社，2011：56－72.

［20］樊慧霞．近期世界各国公司所得税制改革及其发展趋势［J］．内蒙古财经学院学报，2004（3）：23－28.

［21］弗里德曼．资本主义与自由［M］．北京：商务印书馆，1986：167.

［22］高凌江．中国税收分配与税制结构问题研究［M］．北

京：中国经济出版社，2011：133.

　　［23］高培勇．财税体制改革与国家治理现代化［M］．北京：社会科学文献出版社，2014：143－156.

　　［24］高培勇．打造调节贫富差距的税制体系［J］．经济，2006（12）：50.

　　［25］高培勇．中国近期税制改革动向与趋势［J］．国际税收，2015（1）：6－8.

　　［26］葛静．中国房地产税改革［M］．北京：经济科学出版社，2015：125.

　　［27］龚辉文．2011年全球增值税税率的特点［N］．中国税务报，2012－5－23（4）.

　　［28］郭琎，郑新业．完善财产税制，促进居民收入分配公平［J］．政治经济学评论，2015（3）：150－166.

　　［29］郭庆旺，吕冰洋．论税收对要素收入分配的影响［J］．经济研究，2011（6）：16－30.

　　［30］郭庆旺，吕冰洋．论要素收入分配对居民收入分配的影响［J］．中国社会科学，2012（12）：46－62.

　　［31］郭庆旺．公共经济学评论［M］．北京；中国财政经济出版社，2005：85.

　　［32］郭晓丽．税制结构优化问题研究——基于税收收入结构的视角［J］．经济体制改革，2014（1）：135－139.

　　［33］郭晓丽．我国税收调节居民收入分配效应研究［D］．北京：中国财政科学研究院，2016.

　　［34］郭兴旺．有关税收公平收入分配的几个深层次问题［J］.财贸经济，2012（8）：20－27.

［35］郭豫媚，陈彦斌．收入差距代际固化的破解：透视几种手段［J］．改革，2015（9）：41–45.

［36］郭月梅．渐进式提高直接税比重的思考［J］．税务研究，2014（6）：23–28.

［37］国家发改委社会发展课题组．扩大中等收入者比重的实证分析和政策建议［J］．经济学动态，2012（5）：12–27.

［38］国家发改委社会发展研究所课题组．我国国民收入分配格局研究［J］．经济研究参考，2012（21）：34–82.

［39］国家税务总局课题组．借鉴国际经验进一步优化中国中长期税制结构［J］．财政研究，2009（5）：8–17.

［40］国务院发展研究中心社科部．税制改革应促进公平分配［J］．中国经济报告，2017（2）：47–50.

［41］韩晓毓．个人所得税制度改革的分配效应和财政效应［D］．长春：吉林大学，2007.

［42］韩月仁．税制结构变迁、效应及优化研究［M］．北京：经济科学出版社，2011：12–26.

［43］何宗继，徐滨庆．个人所得税与基尼系数的动态关系及政策启示［J］．经济学家，2014（10）：26–34.

［44］洪兴建，罗刚飞．增值税对我国城镇居民收入的分配效应［J］．统计研究，2015（7）：45–50.

［45］洪源，杨司键，秦玉奇．民生财政能否有效缩小城乡居民收入差距［J］．数量经济技术经济研究，2014（7）：3–20.

［46］胡鞍钢．加强对高收入者个人所得税征收调节居民贫富收入差距［J］．财政研究，2002（10）：7–14.

［47］胡代光．西方经济学说的演变及其影响［M］．北京：

北京大学出版社，1998：139－167.

［48］胡怡建，徐曙娜．我国税制结优化的目标模式和实现途径［J］．税务研究，2014（7）：11－16.

［49］胡怡建．我国税收改革发展的十大趋势性变化［J］．税务研究，2015（2）：3－9.

［50］胡祖光．基尼系数与收入分布研究［M］．杭州：浙江工商大学出版社，2010：18－56.

［51］华生．财税改革的根本问题与真实挑战［J］．金融市场研究，2015（3）：8－14.

［52］黄凤羽．对个人所得税再分配职能的思考［J］．税务研究，2010（9）：14－18.

［53］吉利斯．发展经济学［M］．北京：中国人民大学出版社，1998：485.

［54］贾康，程瑜，于长革．优化收入分配的认知框架、思路、原则与建议［J］．财贸经济，2018（2）：5－20.

［55］贾康，斩东升．中国税制改革路线图——大趋势、国际经验与制度设计［M］．上海：立信会计出版社，2015：117.

［56］蒋金法，周材华．促进我国生态文明建设的税收政策［J］．税务研究，2016（7）：12－13.

［57］凯恩斯．就业、利息和货币通论［M］．北京：商务印书馆，1983：281－322.

［58］匡小平．我国收入差距过大的原因及财税调节对策［J］.税务研究，2009（2）：22－24.

［59］李曦．中国现阶段税制结构合理性判别与优化研究［D］．杭州：浙江大学，2012.

［60］李渊．我国收入分配税收调节机制改进研究［D］．天津：天津财经大学，2012.

［61］李稻葵，刘霖林，王红领．GDP 中劳动份额演变的 U 型规律［J］．经济研究，2009（1）：70－82.

［62］李亢，李实，常铁威等．中国居民收入分配年度报告（2018）［R］．北京：国家发展和改革委员会就业和收入分配司，北京师范大学中国收入分配研究院，2019：10－57.

［63］李绍荣，耿莹．中国的税收结构、经济增长与收入分配［J］．经济研究，2005（5）：118－126.

［64］李时宇，郭庆旺．税收对居民收入分配的影响：文献综述［J］．财经问题研究，2014（1）：18－26.

［65］刘成龙，玉周飞．基于收入分配效应视角的税制结构优化研究［J］．税务研究，2014（6）：15－22.

［66］刘润芳，杨建飞．我国居民收入份额下降的原因分析及对策［J］．西安财经学院学报，2011（5）：5－11.

［67］刘尚希．收入分配循环论［M］．北京：中国人民大学出版社，1992：202.

［68］刘怡，聂海峰．间接税负担对收入分配的影响分析［J］．经济研究，2004（4）：22－30.

［69］刘易斯．发展计划［M］．北京：北京经济学院出版社，1998：78.

［70］楼继伟．深化财税体制改革［M］．北京：人民出版社，2015：202－218.

［71］禄晓龙．中国税制改革中的税收结构优化研究［M］．北京：中国经济出版社，2016：68－76.

[72] 罗宾逊. 现代经济学导论 [M]. 北京：商务印书馆，1982：266 – 269.

[73] 马克思恩格斯选集（第三卷）[M]. 北京：人民出版社，1995：212.

[74] 马克思恩格斯选集（第三卷）[M]. 北京：人民出版社，1995：306.

[75] 马克思恩格斯文集（第三卷）[M]. 中共中央马克思恩格斯列宁斯大林编译局译. 北京：人民出版社，2009：432.

[76] 马克思. 资本论（第三卷）[M]. 北京：人民出版社，1975：998.

[77] 马斯格雷夫. 财政理论与实践 [M]. 北京：中国财政经济出版社，2003：9 – 79.

[78] 马歇尔. 经济学原理 [M]. 北京：商务印书馆，1965：153 – 364.

[79] 潘文轩. 税收如何影响中国的国民收入分配格局——基于资金流量表的实证研究 [J]. 当代财经，2019（1）：36 – 45.

[80] 潘贤掌，王爱华. 国外税制结构比较分析 [J]. 亚太经济，2003（3）：67 – 75.

[81] 琼·罗伯逊. 经济学 [M]. 北京：北京大学出版社，1998：168.

[82] 萨缪尔森. 经济学 [M]. 北京：商务印书馆，1979：67 – 68.

[83] 萨缪尔森. 经济学 [M]. 北京：中国发展出版社，1993：931.

［84］斯蒂格利茨．经济学［M］．北京：中国人民大学出版社，1995：304－326.

［85］孙玉栋．收入分配差距与税收政策研究［M］．北京：经济科学出版社，2008：214.

［86］田卫民．省域居民收入基尼系数测算及其变动趋势分析［J］．经济科学，2012（2）：48－59.

［87］托马斯·皮凯蒂.21世纪资本论［M］．巴曙松译．北京：中信出版社，2014：22.

［88］托马斯·皮凯蒂.21世纪资本论［M］．巴曙松译．北京：中信出版社，2014：241－244.

［89］托马斯·皮凯蒂.21世纪资本论［M］．巴曙松译．北京：中信出版社，2014：231－249.

［90］瓦格纳．财政学［M］．北京：商务印书馆，1931：24－128.

［91］万莹，史忠良．税收调节与收入分配：一个文献综述［J］．山东大学学报（哲学社会科学版），2010（1）：40－45.

［92］万莹．缩小我国居民收入差距的税收政策研究［M］．北京：中国社会科学出版社，2013：7－23.

［93］王军昆，玉周飞．加快构建具有中国特色的直接税制度［J］．税务研究，2017（1）：17－20.

［94］王乔，汪柱旺．我国现行税制结构影响居民收入分配差距的实证分析［J］．当代财经，2008（2）：37－125.

［95］王乔，席卫群，张东升．对我国地方税体系模式和建构的思考［J］．税务研究，2016（8）：23－25.

［96］王小鲁．灰色收入与国民收入分配［M］．北京：中信

出版社，2007：23.

［97］伍红．我国节能减排税收政策效应分析［J］．税务研究，2016（5）：58－61.

［98］夏琛珂．所得课税的历史分析与比较研究［M］．大连：东北财经大学出版社，2003：67－100.

［99］徐进．论商品税对个人收入分配的调节作用［J］．当代经济研究，2006（12）：41－48.

［100］徐静．我国个人所得税的再分配效应研究［M］．北京：中国税务出版社，2014：182.

［101］许明．房地产税收政策深度解析［M］．北京：机械工业出版社，2013：79－82.

［102］许晓艳．中国缩小居民收入差距的财税政策研究［M］．北京：中国市场出版社，2015：208.

［103］亚当·斯密．国富论［M］．北京：商务印书馆，1974：252－253.

［104］杨虹．调节居民收入分配的税收制度研究［M］．北京：中国税务出版社，2010：153－158.

［105］杨志勇．税制结构：现状分析与优化路径选择［J］．税务研究，2014（6）：10－14.

［106］姚林香，肖建华．财政投入对中国农民收入的影响——基于协整方法的时间序列分析［J］．金融与经济，2010（12）：17－20.

［107］殷金朋．税收调节要素收入分配研究［D］．呼和浩特：内蒙古财经大学，2013.

［108］余红志．个人所得税调节城镇居民收入分配的机制和

效果研究［D］．天津：天津大学，2010.

［109］岳树民，李建清．优化税制结构研究［M］．北京：中国人民大学出版社，2007：187-199.

［110］岳希明，张斌，徐静．中国税制的收入分配效应测度［J］．中国社会科学，2014（6）：96-208.

［111］张车伟．中国初次收入分配格局的变动与问题——以劳动报酬占 GDP 份额为视角［J］．中国人口科学，2010（5）：24-35.

［112］张馨．当代财政与财政学主流［M］．大连：东北财经大学出版社，2000：255-277.

［113］张亚斌，吴江，冯迪．劳动收入份额的地区差异实证研究——来自中国省级面板数据的证据［J］．经济地理，2011（9）：1499-1503.

［114］周克清，毛锐，罗欢．税制结构对劳动收入份额的影响机制研究［J］．税务研究，2015（2）：63-68.

［115］周克清．税制结构的非均衡性：理论、实证与对策研究［M］．北京：中国税务出版社，2017：95-100.

［116］朱志钢．我国税制结构：影响因素分析和优化路径选择［M］．北京：中国税务出版社，2014：164-240.

［117］邹红，喻开志．劳动收入份额、城乡收入差距与中国居民消费［J］．经济理论与经济管理，2011（3）：45-55.

［118］Adam Smith. An Inquiry into the Nature and Causes of the Wealth of Nations［M］Shanxi：Shanxi People Publishing House，2005：178-206.

［119］Alchin T. M.. A New Measure of Tax Progressivity［J］.

Public Finance, 1984, 39 (1): 1 – 10.

[120] Aroenson J. R. , Johnson P. , Lambert P. J. . Redistributeive Effect and Unequal Income Tax Treatment [J]. Economic Journal, 1994 (104): 262 – 270.

[121] Aronson J. R. , lambert P. J. . Decomposing the Gini Coeffcient to Reveal the Vertical, Horizontal and Reranking Effects of Income Taxation [J] . National Tax Journal, 1994, 47 (2): 273 – 294.

[122] Atkinson A. B. . The Changing Distirbution of Income: Evidence and Explanation [J]. German Economic Review, 2000, 1 (1): 3 – 18.

[123] Auten G. , Carrol R. . The Effect of Income Taxes on Household Income [J]. The Review of Economics and Statistics, 1999, 81 (4): 681 – 693.

[124] Bishop, John A. , Victor Chow, John P. Formby and Chih-Chin Ho. . The Redistributive Effects of Noncomplisance and Tax Evasion in the U. S. [M] . London: Edward Elgar Publishing, 1994: 89 – 105.

[125] Carl R. , Renwei Z. , Shi L. . China's Retreat from Equalit: Income Distribution and Economic Transiton [M] . New York: ME Sharpe Press, 2001: 115 – 130.

[126] Chamley C. . Optimal Taxtion of Capital Income in General Equilibrium with Infinite Live [J] . Econometrics, 1986 (3): 54 – 88.

[127] Cok M. , Urban I. . Distirbution of Income and Taxes in Slovenia and Croatia [J] . Post-Communist Economies, 2007, 19 (3): 299 – 316.

[128] Daniel T. , Slesnick. The Measurement of Effective Commodity Tax Progressivty [J]. The Review of Economics and Statistics, 1986 (2): 224 –231.

[129] Decoster A. , Loughre J. O'Donoghue C. , Verwerft D. Incidence and Welfare Effcets of Indirect Taxes [R]. Working Paper, 2009.

[130] Deran E.. Changes in Factor Income Shares under the Social Security Tax [J]. Review of Economics and Statistics, 1967, 49 (4): 627 –630.

[131] Engel E. M. R. A. , Galetovic A. , Raddatz C. E.. Taxes and Income Distribution in Chile: Some Unpleasant Redistributive Arithmetic [J]. Journal of Development Economics, 1999, 59 (1): 155 –192.

[132] Griffin K. , Zhao R. W.. The Distribution of Income in China [M]. London: Macmillan Press, 1993: 62 –90.

[133] Jakobsson U. On The Measurement of the Degree of Progression [J]. Journal of Public Economics, 1976, 5 (1): 161 –168.

[134] John Maynard Keynes. The General Theory of Employment Interest and Money [M]. Beijing: China Social Sciences Publishing House, 1999: 302 –310.

[135] Kubler F. , Brown D.. Approximate Generalizations and Computational Experiments [J]. Econometrica, 2007, 75 (4): 967 –992.

[136] Lane P. R.. Profits and Wages in Ireland, 1987 – 1996 [J]. Journal of the Statistical and Social Inquiry Society of Ireland, 1998, 28 (5): 223 –252.

［137］ Leonard E. Burman, William G. Gale and Jeffery Rohaly, Options to Reform the Estate Tax ［J］ . Tax Policy Issues and Options, 2005 （3）: 46 – 81.

［138］ Pechman J. A. , Okner B. A.. Who Bears the Tax Burden? ［M］ . Washington DC: Brookings Institution, 1974: 96 – 110.

［139］ Verbist G. , Figari F. The Redistributive Effect and Progressivity of Taxes Revisited: An International Comparison across the European Union ［R］ . Working Paper, 2013.

［140］ Wang C. Caminada K. , Goudswaard K. Income Redistribution in 20 Countries over Time ［J］ . International Journal of Social Welfare,2014, 23 （3）: 262 – 275.